与青年共读《共产党宣言》

徐川 著

浙江人民出版社

图书在版编目（CIP）数据

与青年共读《共产党宣言》 / 徐川著. -- 杭州：浙江人民出版社，2025.4. -- ISBN 978-7-213-11950-7

Ⅰ．A811.22

中国国家版本馆CIP数据核字第20252YZ531号

与青年共读《共产党宣言》

徐 川 著

出版发行：浙江人民出版社（杭州市环城北路177号 邮编 310006）
　　　　　市场部电话：(0571)85061682　85176516
责任编辑：申屠增群　尚咪咪
营销编辑：陈芊如
责任校对：汪景芬
责任印务：程 琳
封面设计：有品堂_刘 俊
电脑制版：杭州兴邦电子印务有限公司
印　　刷：杭州富春印务有限公司
开　　本：880毫米×1230毫米　1/32　　印　张：6.75
字　　数：120千字
版　　次：2025年4月第1版　　　　　　印　次：2025年4月第1次印刷
书　　号：ISBN 978-7-213-11950-7
定　　价：39.80元

如发现印装质量问题，影响阅读，请与市场部联系调换。

目 录

序　言　　　　　　　　　　　　　　　　001

第一章　旷世经典的诞生　　　　　　　013

　　一、一本书和它的故事　　　　　　　014

　　二、马克思的八张面孔　　　　　　　025

　　三、今天再谈恩格斯　　　　　　　　037

第二章　经典和它诞生的时代　　　　　049

　　一、有关马克思主义的几个问题　　　050

　　二、书和它诞生的时代　　　　　　　060

　　三、不能忽视的七篇"序言"　　　　064

第三章 一起来读《共产党宣言》　　069
　　一、共读"资产者和无产者"　　072
　　二、共读"无产者和共产党人"　　111
　　三、共读"社会主义的和共产主义的文献"　　140
　　四、共读"共产党人对各种反对党派的态度"　　171

第四章 关于《共产党宣言》的问答　　177

参考书目　　198

后　记　　200

序 言

（一）

先讲个故事，或者事故。

时间回到2017年的11月。

从党的十九大的会场回来，我参加了各个层次组织的宣讲。

其中，高校的巡讲搞了个启动仪式，在学校的大礼堂，有数百名师生。

仪式中安排了一个环节：重温入党誓词。

头天晚上走台的时候，工作人员跟我说："徐老师，地上有个标记，明天你就站在这个地方，然后带着大家宣誓就行了。"

过了一会儿，他又特别贴心地嘱咐了我一句："入党誓词不用背，明天你前方的墙上有个小电子屏，有提词板，照着念就行了。"

我说好的,然后走完流程就回去了。

第二天上午,活动举行。

仪式现场直播,十几万人同步收看。

到了宣誓环节,我就带着宣讲团成员到了台上,站定。

"请大家举起右拳,跟我宣誓……"

这个时候,状况出现了。

(二)

现场的记者为了抓拍我们宣誓的场景,从台下一拥而上,堆在我们面前拍摄。

整个提词板被挡得严严实实,一个字都看不见!

一点不夸张,别说字,连一个标点符号都看不见。

然后我就听见身后的宣讲团成员讲了一句:"完了,看不见了。"

问题来了:如果讲不出入党誓词,该怎么办呢?

其实,还能怎么办呢?

那只能带着一脸羞涩的微笑,对着记者们摆摆手,鼓起勇气喊一句:"各位请让一让,我们看不见了。"

请问,如果是这样,所有见证这一幕的师生会有什么反应?能有什么反应?该怎么想?或者又能怎么想?

应该会有一些哄笑,或者还有一些议论。

比如,这个党的十九大代表,竟然讲不出入党誓词……

比如,这群要给我们宣讲的人,竟然需要记者让一让……

如果是这样,请问:接下来我们哪怕再宣讲三十场、五十场,场场卖力,次次精彩,能够挽回这一个小插曲带来的尴尬和影响吗?

不能。

绝对不能。

(三)

当然,这都是推演。

这一幕并没有出现。

我带着大家把入党誓词重温了一遍,准确地说,背了一遍。

到了台下,有些庆幸,庆幸小插曲没有变成主题曲。

晚上,我就发了个朋友圈:

"讲个刺激的花絮。今天巡讲启动仪式,按照安排带领全场数百名师生重温入党誓词,当我举起右拳,惊奇地发现提词板一个字也看不见……其实也有慌乱,庆幸功底还行,一路回忆一路重温,马上再抄一遍给自己压压惊。"

然后,收到了很多留言和点赞。

留言内容大同小异:

"怎么做到的!"

"太刺激了!"

"向你学习!"

"好厉害!不容易!很赞!"

……

一条条留言看过去,一个问题浮上来——

一名共产党员,能够说得出入党誓词,就真的这么不容易吗?

(四)

再讲一个故事。

背景是我跟一名研究生同学进行入党前谈话。

于是,有了如下的对白:

"既然要入党,那就先聊聊党史吧,我们党是哪一天诞生的?"

"老师,那肯定是7月1号啊。"

"确定是7月1号那天?"

"是啊,不然怎么叫建党节?什么意思,难道不是?"

"不确定就回去再查查吧。那说说中共一大有多少代表?"

"我记得好像是21?不对,28?不对不对,42?"

"好的,别猜了。看过《共产党宣言》吗?"

"'中国共产党宣言'?看过看过。"

"谁写的?"

"我没太注意,就是党课上发的教材。"

"好了,谈话先到这儿。对不起,我还真不好给你写谈话意见。"

……

(五)

这并不是结尾,对白还在继续,因为这个同学不接受。

"老师,因为几个问题没答好就不写谈话意见,我不能理解,我觉得一个党员是不是合格,应该有很多标准,有的人科研做得好，有的人志愿服务做得多，有的……"

"同学，不好意思，我打断一下，你说的那是工作表现，但不入党不影响好好工作好好表现。"

"老师，你这样不合理，你随便找个同学问问，你看有几个能答出来。"

"同学，都答不出来也没关系，那就都不要加入。这个组织不缺人，只缺真心想加入的人。"

"老师，我本科的大学班长成绩极差，辅导员都让他入党了，我各方面比他强多了。"

"同学，那只能说明你本科的大学有问题，你的辅导员也有问题。"

"老师，我觉得你这样说话我没法接受，我不觉得我原来的大学有问题。"

……

谈话在我的坚持中告一段落。

据说后来经过学习，他在第二次谈话中对答如流。

因此，我就在想，这个算成功的案例吗？

应该不算。

他的结论会是他认为自己有问题吗？

不一定，说不定他认为我有问题。

或者他有问题,是他的运气有问题,运气不好摊上了和我谈话。

如果整个学院都是这个标准,再严格要求一些呢?

如果整个学校都是这个标准,再严格要求一些呢?

也不算真正的成功。

只有全国所有的党组织在入党第一关都执行严格标准,这才算成功。

但是,这个靠谁呢?

靠每一个基层党组织,靠每一名党员。

(六)

还有一个故事,是在"不忘初心、牢记使命"主题教育期间。

一位政府机关的工作人员比较真诚地跟我讨论一个问题。

他说,为啥要搞初心教育?我们每天在为老百姓办事不就是不忘初心吗?难道非要集中学习理论才叫不忘初心?不懂理论难道影响我为人民服务吗?

我问,最勤劳的蜜蜂和最蹩脚的工程师有什么不一样?

他说,什么意思?

我答,"最蹩脚的建筑师从一开始就比最灵巧的蜜蜂高明的地方,是他在用蜂蜡建筑蜂房以前,已经在自己的头脑中把它建成了"①。

他说,你讲得有点深。

我笑,这哪是我讲的,这是马克思讲的。

他说,能讲得再通俗一些吗?

可以啊。比如,对于没有方向的航船,什么风都不是顺风。

比如,你只有知道你要去哪儿,一切才会为你让路。

比如,我们既要仰望星空,也要脚踏实地,既要埋头拉车,也要抬头看路。

为什么学理论?

为什么学思想?

理论跟业务有什么关系?

如果不知道从何而来、身在何处,如果不知道今天的奋斗是为了什么、为了实现什么、为了去向何方,又如何能走得踏实、走得坚定、走得理直气壮?

没有思想上的清醒,哪有行动上的坚定?

---

① 《马克思恩格斯选集》(第二卷),人民出版社2012年版,第170页。

（七）

讲完三个故事，我们来回答问题。

我们是不是合格的共产党员？

不好说。

我以为，合格作为底线和边界，应该有明晰的要求。

行动上要能看得出来，思想上和认识上也应该有底线和要求。

比如，一名合格的共产党员至少应该知道我们的党为什么叫共产党，为什么信仰马克思主义。

比如，一名合格的共产党员应该至少看过一遍《共产党宣言》。

比如，一名合格的共产党员应该至少认真读过一遍《中国共产党章程》。

比如，一名合格的共产党员应该能够沿着时间的脉络大致说得清楚我们党走过的历程和苦难辉煌。

比如，一名合格的共产党员应该能够说得出入党誓词，当然，是说出来不是念出来。

这些要求高吗？

其实并不高。

每一条都很基本。

每一条都应该做到。

我们都做到了吗?

有多少还没做到呢?

所以,我们需要形成共识。

从2016年"两学一做"提出要"做合格党员",时光倏忽而过。

如果当年有命题,今天我们就可以交上一份及格的答卷了吗?

再看看我们身边,每年那么多党组织那么多党员都在重温入党誓词。

重温了这么多年,依然要念吗?

是不是重温一辈子也记不住?

那究竟是记不住还是没想记住?

连入党誓词都记不住,对党的历史也不了解,《共产党宣言》也没看过,那我们算合格的共产党员吗?

我们能不能回过头来,能不能多回头看看,能不能先把短板补齐,能不能先把基础夯实,能不能先让内心坚定?

（八）

走得再远，也不能忘记为什么而出发。

走得再远，也不能忘记从何而来，因何而在，去往何方。

心有所信，方能行远。

那不妨从现在开始，从当下开始，从这里开始。

第一章

旷世经典的诞生

一、一本书和它的故事

今天,我们一起走近一本书。
从它在中国的土地上问世算起,已经一百多岁了。
这本书,有故事,无数人跟它有着不解的缘分;
这本书,有旅程,跨越千山万水从欧洲来到中国;
这本书,有影响,从地下读物到人尽皆知;
这本书,有力量,能改变方向,能改变命运;
这本书,有味道,它蕴含的味道是"甜"的。
这本书就是《共产党宣言》。

(一)

吃粽子蘸墨汁,会是什么味道?
奇怪的搭配,真理的味道。
我们一起听习近平总书记讲故事。
一天,一个小伙子在家里奋笔疾书,妈妈在外面喊:"你吃粽子要加红糖水,吃了吗?"他说:"吃了吃了,甜极了。"结果老太太进门一看,这个小伙子埋头写书,嘴上全是黑墨水。原来他吃错了,旁边一碗红糖水,他没喝,把那个墨水给喝了。但是他浑然不觉,还说,"可甜了可甜了"。这人是谁呢?就是陈望道,他当时在浙江义乌的家里,就是翻译这本书。于是由此就说了一句话:真理的味道非常甜。

这就是习近平总书记讲的故事,讲过多次,饱含深情。

故事里提到的"这本书"就是《共产党宣言》。

1920年8月,由陈望道翻译的第一本中文版《共产党宣言》在上海正式问世。

算算时间,一百多年。

横空出世,意义非凡。

我们讲没有共产党就没有新中国,如果向前再追问一步,就是没有马克思主义、没有《共产党宣言》,就没有中国共产党。无数的革命先烈正是因为读了《共产党宣言》,才明确了方向,找到了组织,树立了信仰。可以说,这本书直接催生了中国共产党,更滋养着一代又一代中国共产党人。

毛泽东同志是从1920年开始接触《共产党宣言》等马克思主义经典著作的。毛泽东一生对《共产党宣言》推崇备至,可以说,《共产党宣言》是他坚定马克思主义信仰信念的理论之源,也是他解决中国革命和社会主义建设问题的行动指南。

他曾自述："有3本书特别深刻地铭记在我的心中，使我树立起对马克思主义的信仰。我接受马克思主义、认为它是对历史的正确解释，以后，就一直没有动摇过。"①这3本书中的第一本就是《共产党宣言》。他说："《共产党宣言》，我看了不下一百遍……每读一次，我都有新的启发。"②毛主席说读了不下一百遍，事实上肯定比这个还要多，因为他说这话的时候是1939年，那时候他才46岁。

许多老一辈革命家都是读着《共产党宣言》走上革命道路、进而成为坚定的马克思主义者的。

周恩来同志说，在国内他看到了《共产党宣言》，去法国后又读到《阶级斗争》（考茨基）和《共产主义原理》，这些著作对他影响很大。③1922年旅欧期间，周恩来就在《少年》上发表了《共产主义与中国》的著名文章。抗日战争时期，身兼党政军要职的周恩来，总是随身带着一个公文包，包内装有《共产党宣言》等马列著作和毛泽东著作。在延安整风运动中，中共中央特别把《共产党宣言》等5本书指定为"干部必

---

① 人民出版社编：《毛泽东自述》（增订本），人民出版社2023年版，第46页。
② 《习近平讲党史故事》编写组编：《习近平讲党史故事》，人民出版社2021年版，第23页。
③ 参见中共中央文献研究室第二编研部编著：《周恩来自述》，国际文化出版公司2009年版，第4页。

读书",如今在中国国家博物馆内还珍藏着当年周恩来读过的《共产党宣言》。1975年1月,在全国人大四届一次会议上,周恩来见到了《共产党宣言》中文版本的首译者陈望道。他殷切地对陈望道说:"当年长征的时候我就把《共产党宣言》当作'贴身伙伴',如果能找到第一版本的《共产党宣言》,我真想再看一遍。"①

邓小平同志是在巴黎勤工俭学期间接触到《共产党宣言》的。正是在《共产党宣言》的深深熏陶下,他选择加入共产党并走上了革命的道路。谈起青年时代的往事,他说:"我的入门老师是《共产党宣言》和《共产主义ABC》。"②

《共产党宣言》也是引导刘少奇同志确立马克思主义信仰、走上革命道路的重要著作。1920年夏秋之际,刘少奇参加了由上海的共产党早期组织创办的一所培养干部的学校,当时每个学员都发到了一本《共产党宣言》。那时刘少奇还没有参加共产党,在考虑入不入党的问题,他把《共产党宣言》看了又看,看了好几遍,"从这本书中,我了解共产党是干什么的,是怎样的一个党,我准不准备献身于这个党所从事的事业,经过一段时间的深思熟虑,最后决定参加共产党,同时也

---

① 学习时报编辑部编:《初心与使命》,人民出版社2019年版,第26页。
② 《邓小平文选》(第三卷),人民出版社1993年版,第382页。

准备献身于党的事业。人的命都不要了，其他就好说了"①。

青年朱德在柏林时，学习和研究了已经译成中文的《共产党宣言》和共产主义的入门书，从此走上了新的革命旅程。1976年5月，朱德收到中共中央党校顾问成仿吾翻译的《共产党宣言》新译本，如获至宝。90岁高龄的他认真对照新旧译本，一口气重新读了一遍。第二天一早，朱德又亲自去往中央党校登门拜访成仿吾，对其新译的《共产党宣言》高度称赞，并说"这是根本性的工作，做好这一工作有世界意义"②。

青年彭德怀说："以前我只是对社会不满，看不到有什么进行根本改革的希望。在读了《共产党宣言》以后，我不再悲观，开始怀着社会是可以改造的新信念而工作。"③

江泽民同志、胡锦涛同志也都十分重视对《共产党宣言》等马克思主义经典著作的学习。④

习近平总书记多次强调，党员领导干部要原原本本学习和研读经典原著，把马克思主义作为看家本领，特别要求领导干部精读《马克思恩格斯文集》《列宁专题文集》中的代表性

---

① 学习时报编辑部编：《初心与使命》，人民出版社2019年版，第36页。
② 姚建平：《朱德的晚年岁月》，中央文献出版社2007年版，第220页。
③ 刘秉荣：《中国工农红军全传》（八），人民出版社2007年版，第5056页。
④ 参见杨金海：《〈共产党宣言〉的国际影响与历史贡献》，载《人民日报》2018年5月28日。

篇目，其中首篇就是《共产党宣言》。2018年4月23日，十九届中央政治局举行第五次集体学习时，习近平总书记就《共产党宣言》及其时代意义发表了重要讲话，他指出："《共产党宣言》是一个内容丰富的理论宝库，作出的理论贡献是多方面的，值得我们反复学习、深入研究，不断从中汲取思想营养。"①

（二）

接下来，让我们走进一个地方——山东省东营市历史博物馆。

这里有一本书，是国家一级文物，它就是陈望道翻译的《共产党宣言》中文首译本。

这个首译本有个特殊的标识——书名被印错了。

1920年8月，陈望道翻译的《共产党宣言》在上海出版，首印1000册，至今保存十余册。书的封面印着红色的马克思半身坐像，画像上方印有"社会主义研究小丛书第一种""马格斯安格尔斯合著""陈望道译"等字样，内页用5号铅字竖版直排，无扉页及序言，没有目录，风格简约。

---

① 习近平：《学习马克思主义基本理论是共产党人的必修课》，载《求是》2019年第22期。

然而，由于排版疏忽，封面书名"共产党宣言"错印成了"共党产宣言"。1920年9月，该书第二版印行，书名小错误被更正，封面也改为蓝色。

这是那个特殊岁月里的特殊见证，错版也是弥足珍贵。

说起这本书，不仅仅因为它是中文首译本，更是因为它所承载的故事。

时间回到1926年。这年正月，共产党员刘雨辉回到家乡山东广饶县刘集村省亲，临走之前把《共产党宣言》首译本赠予村党支部书记、共产党员刘良才。刘雨辉语重心长地说，党员都应该学一学这本书，搞清楚为什么革命以及如何走今后的路。

故事从这里开始。

从此以后，这本《共产党宣言》就成为刘集村党支部反复学习的材料。

刘良才经常给人们讲书中的道理，老百姓不识字，问："这些道理是谁说的啊？"

刘良才就指一指封面："喏，就是这个大胡子说的。"

于是，当地老百姓心中，就有了大胡子的印象，把《共产党宣言》叫作"大胡子的书"，"按照大胡子说的做，错不了"。

大革命失败，白色恐怖笼罩中国。国民党罗列的"禁书名单"中，《共产党宣言》名列榜首。刘良才冒着生命危险，把书藏在隐蔽的地窖里，躲过敌人多次搜查。

1931年，刘良才被党组织调到其他地方工作，临行前他把这本《共产党宣言》交到刘集村党支部委员刘考文手中。

1932年，刘考文意识到自己随时可能被捕，为了保护这本珍贵的书，他又郑重地把它交到了为人忠厚低调的老共产党员刘世厚手中。

为了躲过国民党反动派的搜捕，刘世厚曾把《共产党宣言》埋进锅灶下面，又转到粮囤下，后来又塞进房屋山墙的鸟窝里。

后来刘集村被"扫荡"，全村陷入火海。已经跑出村外的刘世厚实在放心不下，傍晚时分又冒着危险偷偷返回家里，从着火的房子里抢救出了《共产党宣言》。

故事一直在延续……

这本《共产党宣言》就这样教育了刘集村几代共产党员，刘集村后来有190人走上了革命道路，其中有28人为革命牺牲。

中华人民共和国成立后，刘世厚用棉线把这本已经快散页的书重新缝好，在扉页上盖上了自己的私印，用油纸和老蓝布层层包好，放进一个匣子里。

1975年1月，在全国人大四届一次会议上，已重病在身的周恩来见到时任复旦大学校长的陈望道,殷切地问《共产党宣言》最早的译本找到没有,并说:"这是马列老祖宗在我们中国的第一本经典著作,找不到它,是中国共产党人的心病啊!"[①]然而,陈望道看着周恩来总理期待的目光,只能遗憾地摇头。

1975年,文物工作者来到刘集村征集革命文物时,刘世厚老人捐出了珍藏40多年的《共产党宣言》首译本。

一本小书,穿越时空,渡尽劫波,历经战火,被艰难地保存下来。

和它一起被保存的,是一个又一个值得铭记的人物,是一段又一段不能忘却的岁月,是一份又一份坚定不移的信仰。

其实,哪一册保存至今的《共产党宣言》首译本没有故事呢?

1927年,四一二反革命政变后,白色恐怖笼罩上海。

中共早期工人党员张人亚冒着生命危险悄悄坐船回到老家宁波。

看到儿子突然回来,父亲张爵谦又惊又喜。但看着儿子严肃的面庞,张爵谦知道他回来绝不是那么简单。张人亚郑重地交给父亲一沓文件,并千叮咛万嘱咐,一定要秘密保管好这些

---

① 学习时报编辑部编:《初心与使命》,人民出版社2019年版,第26—27页。

文件。

张人亚悄悄来，匆匆去，留给父亲一个约定。

为了掩人耳目，保护好这些文件，父亲给儿子做了衣冠冢，谎称儿子已经不在人世。

从此，父亲就守望着儿子归来，等儿子拿走这些文件。

然而，张人亚再也没有回来。

新中国成立后，年迈的张爵谦将这批深埋地下20多年的珍贵资料全部交给了党组织。

如今，在上海中共一大会址展厅里，有一本1920年9月版的《共产党宣言》中文译本，这便是张人亚父子誓死守护的珍贵文物。

……

（三）

经世流年，精神长青。

在中国的土地上，这本书的力量不断彰显。

一百多年来，作为"《共产党宣言》精神的忠实传人"——中国共产党，在中国革命、建设和改革中，把马克思主义基本原理同中国具体实际相结合、同中华优秀传统文化相结合，书写了人类历史上的辉煌史诗。

随着中国特色社会主义进入新时代，我国社会主要矛盾发生变化，以习近平同志为核心的党中央紧密结合新的历史条件，不断进行新探索新实践，提出一系列新理念新思想新战略，以属于我们这个时代的"新语言"书写着科学社会主义的"新版本"。

面对未来，我们同样充满憧憬。

2018年4月23日，习近平总书记在十九届中央政治局第五次集体学习时曾经这样深情地展望："再过30年，也就是到2048年《共产党宣言》发表200周年之时，正是我们全面建成社会主义现代化强国、实现中华民族伟大复兴之际。届时，中国共产党人和中国人民将以自己的壮举进一步证明马克思主义的科学性、真理性、预见性，让我们以实际行动迎接这个伟大时刻的到来吧！"[①]

关于这本书的故事和标签，我们还能说很多很多，聊很久很久。

它是世界上第一个无产阶级政党"共产主义者同盟"的政治纲领，是国际共产主义运动的第一个纲领性文献；

它被称为"马克思主义的歌中之歌"，是马克思主义最重要、影响最深远广泛的经典著作；

---

① 习近平：《学习马克思主义基本理论是共产党人的必修课》，载《求是》2019年第22期。

它第一次对科学社会主义进行了完整而系统的阐述；

它的发表标志着马克思主义的诞生；

它是革命的工人阶级和共产党人必读的教科书；

它是170多年来全球范围内影响最大、传播最广的人文社会科学著作之一；

它的精神至今仍鼓舞和推动着全世界无产阶级争取解放的斗争。

……

这本富有魅力和魔力的小书，究竟在说些什么？

我们从书的作者说起。

二、马克思的八张面孔

我们常说，一千个人眼中有一千个哈姆雷特，其实一千个人眼中应该也有一千个马克思。

我们通过八个标签，来凝视马克思的八张面孔。

（一）

第一张面孔：大胡子。

在很多人眼中，马克思是一个面目严肃的老爷爷，是一个长须茂盛如雄狮般的形象，挂在小学、初中、高中教室或者走廊的墙上,旁边是他的好朋友恩格斯,在照片下方还有一句名言:"在科学上没有平坦的大道,只有不畏劳苦沿着陡峭山路攀登的人,才有希望达到光辉的顶点。"[①]

第二张面孔:表情包。

说到这张面孔,我的脑海中浮现出同学们发在微信朋友圈的两张PS过的照片。第一张应该很多人都见过,马克思和恩格斯两人,一前一后,恩格斯坐在马克思身后略高的位置,双眉紧锁,表情困惑,旁边配上一句台词:"你在写什么?"马克思则目不斜视、奋笔疾书,旁边的台词是:"管他呢,写了又不是我背。"还有一张照片,是马克思正气凛然,颇具领袖气派,右臂伸直,指点江山,激扬文字,配词如下:"你们尽管背,考到了算我输!"

第三张面孔:富家子。

说到这副面孔,我们先说一下马克思的成长背景。马克思虽然出身平民家族,并无贵族爵位,但家境富有。

马克思的父系有五代是犹太拉比,也就意味着既有钱又有才。马克思的爷爷是一名律师,他的父亲也是一名律师,而且是政府的高级律师。我们知道,一直以来,西方国家律师行业的收入都很高。

---

① 《马克思恩格斯文集》(第五卷),人民出版社2009年版,第24页。

马克思的姨夫姨妈是商人,他们的家族创立了一家公司,这家公司名字叫飞利浦。

在这种家庭环境下成长的马克思,生活也过得丰富多彩。他在波恩大学的时候曾经一年花掉700塔勒,而在当时,一名柏林市议员的年收入为800塔勒。

第四张面孔:大赢家。

如果只是家境殷实,如果只是纨绔子弟,那也未必算得上是人生得意。

23岁时,这个才华横溢的青年获得了博士学位,他的博士论文题为《德谟克利特的自然哲学和伊壁鸠鲁的自然哲学的差别》。看完题目什么感觉?一篇妥妥的纯哲学的论文,感觉高大上,让人望而生畏,敬而远之。

拿到博士学位后,马克思成了《莱茵报》的一名编辑,之后又成为《莱茵报》的实际领导人。

25岁时,马克思迎娶了比他大4岁的"魔法公主""舞会皇后"燕妮,这个美丽的姑娘是男爵和政府枢密官的女儿,是贵族小姐。

家境殷实,金榜题名,新婚燕尔……

马克思说过,科学上没有平坦的大道,但是在他自己的人生历程中,我们分明看到了一条康庄大道。沿着这条平坦的大路,马克思按理说不应该成为全世界无产阶级和劳动人民的伟大导师，而会成为"马克思爵士""马克思部长""马克思行长"或者是"马克思教授"。

按照世俗的设想，马克思的人生规划应该是：升职加薪，当上总经理，出任CEO，迎娶白富美，走上人生巅峰。想想这样的生活，是不是还有点小激动呢？

如果你真这么想，那我们就要接着看马克思的第五张面孔了。

（二）

第五张面孔：落魄人。

为什么叫"落魄人"？很多人可能想不到这一点，因此我们要多说几句。

马克思没有按照世俗的想法"走上人生巅峰"，而是仿佛预谋已久地轻易抛弃了那些唾手可得的荣华富贵，开始了几十年的颠沛流离、几十年的奔走逃亡、几十年的艰苦斗争。

等待他的是一贫如洗、儿女夭殇的命运，是昔日家产万贯的富家子沦为了求乞者，是妻子作为风华绝代的贵族小姐为了生计不得不反复典当祖母的婚戒，是原本可以享受优渥生活的子女，七个中有四个先后夭折，甚至连丧葬费都是借来的……

常识、经验和理性已经完全不能解释马克思的境遇，更不能解释马克思自讨苦吃般的选择。

我们不能美化苦难,我们不能神话偶像。

其实,马克思也是一个有血有肉有感情的普通人,并非一直是一个志气高昂永不退缩的斗士,他也要扮演各种角色,也有生活中各种具体的烦恼,也有那些纠结、愤怒、痛苦和脆弱的日常情绪。

面对生活,马克思经常缺少规划,花钱上不会精打细算,不能够量入为出。英国前首相撒切尔夫人曾说,马克思写了一部《资本论》,可他恰恰最缺资本。困顿中的马克思人到中年还要面对子女的夭殇。他最爱的小儿子埃德加生病后,因为没有钱治疗而离世,对此他这样写道:"亲爱的孩子曾使家中充满生气,是家中的灵魂,他死后,家中自然完全空虚了,冷清了……我感到自己完全垮了……不能想,不能听,也不能看。"[①]

面对挚友,除了志同道合的事业,马克思也有生活和情感中的纠结,会有小小的抱怨,会有生气之后的道歉,更会有忍不住的想念。37岁的时候,马克思在给恩格斯的信的结尾处,动情地写道:请勿相忘。

金无足赤,人无完人,这些生活中的细节不会让伟人失

[①] 《马克思恩格斯全集》(第四十九卷),人民出版社2016年版,第660页。

色，反而让马克思距离我们更近了一些，也让我们更加坚信，伟大来自平凡，平凡铸就伟大。

必须指出的是，马克思是具备过上富裕舒适生活的能力的，他是主动选择了穷困潦倒。我们前面说过，马克思出生并不贫寒，刚去波恩大学时读的是法学，后来转去柏林大学还学习了哲学。他本身能力卓绝，才思敏捷，口才极佳，非常雄辩，如果他愿意，他完全可以成为一名受人尊重、名利双收、衣食无忧、生活优渥的大律师。而且，在后来的写作与革命斗争中，他也一直面临着多种选择，普鲁士地方政府甚至首相俾斯麦本人都多次抛出橄榄枝，所以获得财富和地位对他来说并不是难事。另外，还要说一点，马克思是有着极强的经济头脑的。他把朋友赠予的600英镑遗产投入股市，利用所学的经济学知识，在一个月内收回本金，还净挣400英镑。可以说，如果马克思把挣钱当作自己的首要目标，恐怕当时的伦敦就会多一个富翁，而人类历史就会少一位伟人。

所以，一个明确且坚持自己的真正追求，并敢于为此有所舍弃的人，才是自己命运的真正主宰。

但是，从世俗的角度，我们依然要发出疑问：他怎么了？

这一切的一切，一定是有原因的。

也许，我们可以从一篇文章中找到答案。那是在1835年，

17岁的马克思写了一篇中学考试德语作文,题目叫《青年在选择职业时的考虑》,里面有这样一段话:"如果我们选择了最能为人类而工作的职业,那么,重担就不能把我们压倒,因为这是为大家作出的牺牲;那时我们所享受的就不是可怜的、有限的、自私的乐趣,我们的幸福将属于千百万人,我们的事业将悄然无声地存在下去,但是它会永远发挥作用,而面对我们的骨灰,高尚的人们将洒下热泪。"[1]

大多数人想到的往往是今生今世,而少年马克思的笔下,字里行间都是生生世世。

正是这位"落魄人",和恩格斯共同创立了马克思主义学说,为无产阶级和劳苦大众提供了认识世界、改造世界的强大思想武器,开创了国际共产主义运动。马克思的"落魄人生",不管对他个人还是整个人类来说,都是光辉灿烂的一生。

说完五张面孔,如果再来回答马克思是谁,用一首歌曲的歌名来回答再合适不过——《最熟悉的陌生人》。

不是吗?

我们从中学到大学,一直在学马克思的理论。如果不曾真心深入,我们学的就只是马克思的表层,不包括他的内里;看

---

[1] 《马克思恩格斯全集》(第一卷),人民出版社1995年版,第459—460页。

到的只是马克思的外形,不包括他的灵魂;读到的只是马克思的教条,不包括他的精神。所以,对很多人来说,他就是"最熟悉的陌生人"。

也许,很多人都不会去阅读、也很难理解马克思写下的经典著作。但其实,穿过"大胡子"和"表情包"的浅层表象,静下心来体会这位"富家子"在"大赢家"和"落魄人"这两条道路上作出的人生选择,就能理解人们对马克思的崇高赞誉,就能明白为何全世界有那么多仁人志士将马克思视为导师,将马克思主义作为旗帜和指引,始终追随。

(三)

讲完了五张面孔,现在我们开始溯本求源,说说马克思的另外三张面孔,也是他的另外三个标签,我们可以称之为三个"家"。

大家都知道,一旦我们说某个人是什么"家",就是说在某个领域,这个人是顶级人士,是大咖,是大师,是大牛。我们肯定也听过和见过很多很多"家",比如文学家、书法家、艺术家、歌唱家、剧作家、雕塑家等。俗话说,"三百六十行,行行出状元",这些林林总总的头衔和称呼虽然都值得称道,但是能够被人们所敬仰和充满敬畏的"家",还应该是特别的"家"。

第六张面孔：思想家。

就像我们前面说的，"思想家"就是在"思想"领域中的杰出人物，对人类思想有杰出的贡献。马克思对于客观现实、人类实践、思想世界有着独到的见解和深刻的洞见，而且形成了一套成熟系统的思想体系，对后世产生了深远的影响。也正因为如此，我们说，深刻的思想是有超越性的，是可以跨时代的，是可以万古流芳的。山会变，河会干，海会枯，石会烂，但思想可以跨越千年，可以永垂不朽，福泽后人。

恩格斯在悼念马克思的时候，开头第一句就是："3月14日下午两点三刻，当代最伟大的思想家停止思想了。"[1]马克思逝世多年后，恩格斯曾深情地说："马克思比我们大家都站得高些，看得远些，观察得多些和快些。马克思是天才，我们至多是能手。"[2]他还毫不吝啬地赞美道："我们之所以有今天的一切，都应当归功于他；现代运动当前所取得的一切成就，都应归功于他的理论活动和实践活动；没有他，我们至今还会在黑暗中徘徊。"[3]当然，还有一个大家耳熟能详的素材：在1999年英国广播公司（BBC）开展的千年最伟大的思想家评选中，

---

[1] 《马克思恩格斯选集》（第三卷），人民出版社2012年版，第1002页。
[2] 《马克思恩格斯选集》（第四卷），人民出版社2012年版，第248页。
[3] 《马克思恩格斯选集》（第四卷），人民出版社2012年版，第558页。

马克思名列榜首。值得注意的是，这不是社会主义国家的评比，不是马克思主义信奉者的结论。所以我们说，对一个人最客观、最中立、最可以信赖的评价可能不是来自朋友，而是来自对手。

抚今追昔，虽然我们的时代与马克思当时所论述的时代相比已经发生了沧桑巨变，但马克思的思想、马克思主义依然熠熠生辉，我们依然要用马克思所提供的强大思想武器来指导实践，并在我们的生动实践中彰显他的伟大思想的科学性、人民性、实践性和开放性。

他是当之无愧的思想家。

第七张面孔：理论家。

所谓理论家，简单说就是在某一个专业的领域发现、总结、提炼出了重要的理论，作出了重大的理论贡献。思想和理论是两个容易混淆的词，理论更强调体系化、系统化和自洽性。毫无疑问，马克思是一位硕果累累的理论家，他的理论成就涵盖众多领域，而且都贡献卓著。

所以，谈到理论贡献的时候，作为马克思的亲密战友，恩格斯在马克思墓前说了这样的话："一生中能有这样两个发现，该是很够了。即使只能作出一个这样的发现，也已经是幸福的了。但是马克思在他所研究的每一个领域，甚至在数学领域，都有独到的发现，这样的领域是很多的，而且其中任何一个领域他都不是浅尝辄止。"①

这里有个知识点,"两个发现"是什么?

"两个发现"指的是唯物史观和剩余价值理论,它们使社会主义从空想变为科学。

那么,什么是唯物史观?

唯物史观就是唯物主义的历史观,就是用唯物主义的方法去观察和观测历史,将整个人类历史放置在历史的长河中,去研究是什么样的力量推动着人类历史的发展,从而找到历史发展的规律,并用这个规律去指导我们的社会实践。唯物主义历史观的出现,冲击了当时社会流行的唯心主义历史观,打破了资产阶级永恒存在的神话。

而剩余价值理论,是马克思在研究资本主义社会中的重大发现,是马克思的理论的具象化。也就是在研究了整个的人类历史发展规律之后,再研究具体的资本主义社会的历史发展规律,马克思发现了资本家剥削工人的真相,发现了资本主义运行的特殊规律。剩余价值理论不仅仅是经济学理论,更是哲学理论,它将资本主义社会的内在矛盾赤裸裸地展现在我们面前。

正像恩格斯所说的,在西方社会科学和人文科学的几乎所

---

① 《马克思恩格斯选集》(第三卷),人民出版社2012年版,第1003页。

有领域，包括哲学、政治学、经济学、社会学、法学等，马克思的研究成果都占有重要的原创性地位。

奇怪吗？不奇怪。我们知道，在西方国家的很多人看来，马克思首先不是一个哲学家或者革命家，而是一个经济学家、社会学家，这是因为马克思在经济学、社会学等很多人文社科领域都有影响、有贡献、有地位。比如在经济学领域，很多经济学家把马克思和亚当·斯密、凯恩斯并称为世界最伟大的三位经济学家。他们三位创造了被称为三大经济学"圣经"的著作：马克思的《资本论》，亚当·斯密的《国富论》，凯恩斯的《就业、利息与货币通论》。

第八张面孔：革命家。

革命家是指什么呢？指的是不光有革命的思想，而且有革命的行动，从事革命工作，并且作出重要的革命贡献。其实，在恩格斯看来，马克思第一个身份就是革命家，所以他说，"马克思首先是一个革命家。他毕生的真正使命，就是以这种或那种方式参加推翻资本主义社会及其所建立的国家设施的事业"[①]。

说起革命家的身份，马克思与此相关的经历十分丰富。从最早的《莱茵报》（1842年），到巴黎的《德法年鉴》和《前

---

① 《马克思恩格斯选集》（第三卷），人民出版社2012年版，第1003页。

进报》(1844年)，到《德意志—布鲁塞尔报》(1847年)，到《新莱茵报》(1848—1849年)，再到《纽约每日论坛报》(1852—1861年)，以及许多富有战斗性的小册子……都是马克思满腔热情、坚韧不拔和卓绝斗争的见证。

马克思不仅通过写作进行战斗，还亲自走上街头领导工人阶级运动，投身于第一个无产阶级政党的创立，指挥第一个国际工人协会。正是他的文字和实践使得现代无产阶级第一次意识到自身的地位和需要，意识到自身解放的条件。

可以说，斗争是他的生命要素，革命是他的人生底色。

马克思一再强调"一步实际运动比一打纲领更重要"①，"思想本身根本不能实现什么东西。思想要得到实现，就要有使用实践力量的人"②。他用一生的思考和实践，把仰望星空和脚踏实地这两件事儿统一到了一起。

"走出书斋的革命家"，这是马克思当之无愧的称号。

三、今天再谈恩格斯

聊《共产党宣言》，恩格斯是一个不能不说的名字。

---

① 《马克思恩格斯全集》(第二十五卷)，人民出版社2001年版，第6页。
② 《马克思恩格斯文集》(第一卷)，人民出版社2009年版，第320页。

理由有很多。

比如，《共产党宣言》不是从零开始的创作，而是有基础的，不然也很难在那么短的时间内就拿出那么完美的作品。《共产党宣言》的重要基础和雏形就是《共产主义信条草案》和《共产主义原理》，相当于《共产党宣言》的1.0版和2.0版，而这两个重要文本的执笔人就是恩格斯。

比如，在1844年之后，马克思和恩格斯就开始了亲密无间的合作，他们的合著充满了思想的涌流和智慧的碰撞，《共产党宣言》中的哲理和洞见也是两个人共同的思想财富，是彼此携手奋斗的成果。

比如，《共产党宣言》有七篇序言，是全书重要的内容组成和思想组成，而这七篇序言中，从第三篇开始，由于马克思去世，就由恩格斯单独执笔了。

当然，除了《共产党宣言》这本书，谈马克思主义同样离不开恩格斯，马克思主义不是马克思一个人的主义，而是马克思与恩格斯共同的智慧结晶。

那么，今天我们再谈恩格斯，该怎么给他画像？我们又能从他身上学到什么？马克思和恩格斯伟大的友谊又给今天的我们留下了什么启示？

第一章　旷世经典的诞生

（一）

提到恩格斯，家庭条件还是不得不说的。

我们调侃别人出手阔绰或者家境优渥，会开玩笑说"啥条件啊，家里有矿啊？"

不开玩笑，恩格斯就是"家里有矿"。

1820年11月28日，恩格斯出生于一个纺织厂主的家庭，这是个名门望族，叫恩格斯家族。几代人都是经商的好手，到他父亲这一代的时候，纺织厂已经发展成伍珀河谷当地最大的纺纱企业。

恩格斯出生的时候，甚至当地政府部门都派人送上了祝福和问候。

他天资聪慧，智识过人。年轻时也有比较丰富的阅历，除了上学，还在工厂打过工，在部队当过兵。

如果马克思只能算是富有的中产阶级家庭出身的话，那么恩格斯就是典型的"富二代"，其家族祖祖辈辈都是富有的大工业资本家。他的曾祖父开了一个听起来很浪漫的工厂——花边厂，并且获得了象征着他们家族地位的盾形徽章。到了他的祖父这一辈，纺织工厂规模更是越做越大。祖辈父辈都希望恩格斯继承家业，成为一代商界传奇。

所以从出生起，恩格斯就承载着家族的希望，承受着期待的目光。

当然,我们也知道,后来恩格斯并没有沿着这样的设计开出一路繁花,而是在下一个路口,遇见了一生的挚友。

(二)

说说他们俩。

提到马克思和恩格斯的关系,很多人的脑海中会浮现五个字:伟大的友谊。

我们常说,伟大出自平凡。所以,聊他们伟大的友谊,不能只强调最终情感达到的高度,这样容易让人感觉高不可攀,或者认为我们这辈子都遇不到、赶不上,甚至放弃追寻。

我们要看到聚光灯的背后,伟大成长的原点,其实也很普通。

马克思与恩格斯之间的伟大友谊并不是从一开始就一路高歌猛进,谱写出一曲感天动地的友谊之歌的。

实际上,这段友谊是从不太愉快的相遇开始的。

马克思和恩格斯相识于1842年。

那个时候马克思24岁,恩格斯22岁,都是风华正茂的年纪。

不过,同样是青春,他们没有太多的风花雪月和吟风弄月,并不是庸常滤镜下的"你爱谈天我爱笑,梦里花落知多少"。

两个才华横溢的年轻人没有相见恨晚,并不是一见如故。

其实在柏林当兵的时候,恩格斯就给马克思主编的《莱茵报》投过稿。1842年,小伙子恩格斯经过莱茵地区,还特意到莱茵报社坐了坐。但是马克思和恩格斯对彼此都没有留下什么特别深刻的印象,用很多文章里的话来形容就是"冷淡的会见"。可以说,那个时候两个人之间比较疏离。

当然,这里的疏离不是因为出身、家庭甚至相貌等,而是思想、立场和观念上的。当时马克思误认为恩格斯是"自由人团体"的成员。马克思当时有点儿看不上这个团体,所以对他有一些偏见。这个名叫"自由人团体"的圈子其实就是以前的青年黑格尔派。马克思在年轻的时候也曾经加入过青年黑格尔派,并且一度成为这个团体的意见领袖。后来随着思想境界提升,他逐渐从主观唯心走向了辩证唯物,慢慢脱离了这个圈子。当然,后来这个圈子也慢慢沉沦下去了。

早年间青年黑格尔派崇尚的是唯心主义,当时个个都还是无神论者。咦?唯心主义不是主张有神论吗?这里有个知识点,简单说几句。唯心主义分成主观唯心主义和客观唯心主义。主观唯心主义实际上是主张无神论的,用大家熟悉的内容举例,比如"心外无物",比如"我思故我在",比如"不是风动,不是幡动,仁者心动",比如"形存则神存,形谢则神灭",比如"有条件要上,没有条件也要上",比如"人定胜天",等等,都是主观唯心主义。客观唯心主义才主张有神论,比如"生死有命,富贵在天",比如"人类一思考,上帝就发笑",等等。在当时的马克思看来,恩格斯他们玩的那一套自己早就玩过了,而且看透了、超越了,所以一开始两人并没有惺惺相惜。

事情的转变和情感的转折发生在1844年。

(三)

说到这里,我们还要提到一家有名的咖啡馆,叫作普罗可布咖啡馆。

这家咖啡馆有三百多年的历史。自1686年开张以来,很多名流都在这里喝过咖啡。都有谁呢?包括卢梭、伏尔泰、巴尔扎克、海明威、雨果等,甚至连拿破仑都去秀过一把。而且拿破仑去的时候居然没带钱,还把自己的军帽给抵押了,赊了个账,喝了杯咖啡。所以在这家咖啡馆的正门橱窗里摆放着镇店之宝——拿破仑那顶标志性的帽子。

马克思在巴黎生活工作过一段时间,恩格斯正是在这期间拜访了他。这一次的见面完全不同于之前的匆匆相见,两个人有了充分的时间相互了解。两人各有擅长领域,层次已经相当接近。其实在与马克思展开合作之前,恩格斯的思想就已经开始向唯物主义和共产主义转向了。这是他们后来英雄所见略同的基础，只不过第一次见面两人没有好好地深入交流，也就没有谈到一块儿去。

我们说，感情就讲究一个"合"字，不管是志同道合、情投意合，还是百年好合、天作之合。"合"就是一致，一致才能和谐，才能同向同行。马克思与恩格斯在一起生活了十天，倾心交谈，发现彼此对一些重大问题的看法完全一致。这次会见为他们终生的战斗友谊和伟大合作奠定了坚实的基础。

（四）

一年以后，也就是1845年，两人合作的第一部作品《神圣家族》出炉，批判了青年黑格尔派主观唯心主义，并初步论述了历史唯物主义的思想。又一年后，两人合写《德意志意识形态》，第一次系统地阐述了历史唯物主义的基本原理，如："意识在任何时候都只能是被意识到了的存在，而人们的存在就是他们的现实生活过程"，"不是意识决定生活，而是生活决定意识"（揭示了社会存在决定社会意识的原理）；"第一个历史活动就是生产满足这些需要的资料，即生产物质生活本身，而且，这是人们从几千年前直到今天单是为了维持生活就必须每日每时从事的历史活动，是一切历史的基本条件"（揭示了物质生产在人类历史发展进程中的决定作用）；"一切历史冲突都根源于生产力和交往形式之间的矛盾"（揭示了生产力和生产关系之间的矛盾运动和辩证关系）；等等。① 这标志着马克思主义哲学的基本成熟。

简单来说，他们就是这样慢热的两个人，伟大的友谊，一见不合，二见倾心，从此难舍难分。这就是一次冷，终身热。道相同，人相亲，相看两不厌，唯有恩格斯。

他们在政治风浪中团结战斗，在科学研究中相互切磋，在人生坎坷的道路上彼此激励，共同奋战了近40个春秋。他们各自都为自己有志同道合的战友而自豪。恩格斯说马克思是"一个相交40年的最好的、最亲密的朋友，我应感谢他的地方是无法用言语表达的"②。马克思说，"我们之间存在着这样的友谊是何等的幸福"③。

欧洲1848年革命失败后，马克思住在伦敦，恩格斯住在曼彻斯特，他们两人虽然不能"一起生活，一起工作，一起欢笑"，但始终保持着密切的书信联系。他们几乎天天都要通信，只要一方回信稍慢一点，另一方就会感到不安。有一次，恩格斯隔了几天没有写信，马克思就写信风趣地问他："亲爱

---

① 以上原文均出自马克思、恩格斯：《德意志意识形态》（节选本），人民出版社2018年版。
② 《马克思恩格斯文集》（第五卷），人民出版社2009年版，第28页。
③ 《马克思恩格斯文集》（第十卷），人民出版社2009年版，第236页。

的恩格斯！你在哭泣还是欢笑，你酣睡了还是醒着？"[1]大家看，字里行间，情感深厚，既是问候，又是关切。

用鲁迅赠给瞿秋白的话说，"人生得一知己足矣，斯世当以同怀视之"[2]。

马克思和恩格斯就是彼此的那个人。

（五）

恩格斯值得我们学习的地方有很多，他的学识、他的情怀、他的人格……

我们前面也提到，马克思主义是两个人共同的智慧结晶，只不过是以马克思一个人的名字来命名的，这本身就是恩格斯伟大人格的完美体现。

在《共产党宣言》这本书的序言里，恩格斯不止一次地强调，贯穿《共产党宣言》的基本思想完全是属于马克思一个人的。

而回望两个人交往的40年，恩格斯心甘情愿做"第二小提琴手"，而且为了使马克思有可能从事革命活动和理论研究，他也只好作出牺牲，从事自己最不愿干的"该死的生

---

[1] ［苏］叶·斯捷潘诺娃：《恩格斯传》，人民出版社1955年版，第110页。
[2] 朱正：《鲁迅》，人民出版社1985年版，第129页。

意",用挣来的钱负担马克思一家的生活。当然,必须指出的是,两个人之间是互帮互助,不是单方面付出,不能片面认为是马克思负责赊账、恩格斯负责付费。恩格斯有难,马克思同样慷慨。有一次恩格斯犯了事,急急忙忙跑到瑞士。走的时候太过匆忙狼狈,盘缠都没带,连吃饭的钱都没有了。马克思知道以后把家里的钱财一并归拢,全部给恩格斯寄了过去。

马克思去世的时候,《资本论》只出版了第一卷,剩下的都是些潦草的笔记和手稿。而马克思的笔记堪比草书,除了燕妮和恩格斯,没有人读得懂。恩格斯只比马克思多活了12年,但在其中的11年里他都专注于同一件事,就是在年过六旬之时放弃自己的追求和写作,专心帮马克思整理《资本论》后两卷书稿。

恩格斯为什么这么做?用他自己的话说:通过整理马克思的著作,我终于又可以和我的老朋友在一起了。

恩格斯曾经说:"我一生所做的是我注定要做的事,就是拉第二小提琴,而且我想我做得还不错。我很高兴我有像马克思这样出色的第一小提琴手。"[1]

对于这种伟大的人格,列宁曾经深刻地评价说:"欧洲无产阶级可以说,它的科学是由这两位学者和战士创造的,他们

---

[1] 《马克思恩格斯选集》(第四卷),人民出版社2012年版,第571—572页。

的关系超过了古人关于人类友谊的一切最动人的传说。"[1]他还引用奥地利社会民主党人阿德勒的话语评价恩格斯"替他的天才朋友建立了一座庄严宏伟的纪念碑,无意中也把自己的名字不可磨灭地铭刻在上面了"[2]。

---

[1][2] 《列宁选集》(第一卷),人民出版社2012年版,第95页。

第二章

经典和它诞生的时代

一、有关马克思主义的几个问题

很多人学习马克思主义时还是有很多问题的。

比如：为什么要学马克思主义？马克思主义有什么用？我们为什么选择了马克思主义，而不是别的什么主义？现在马克思主义过时了吗？为什么说资本主义社会必然灭亡？为什么还没有灭亡？什么时候才会灭亡？马克思主义为什么还要中国化时代化？

选几个问题，我们一起来聊聊。

第一个问题：为什么是马克思主义？

不知道大家有没有注意到，中国的宪法和中国共产党的党章中有这么两句话。

《中华人民共和国宪法》明文规定："中国各族人民将继续在中国共产党领导下，在马克思列宁主义、毛泽东思想、邓小平理论、'三个代表'重要思想、科学发展观、习近平新时代中国特色社会主义思想指引下……把我国建设成为富强民主文明和谐美丽的社会主义现代化强国，实现中华民族伟大复兴。"

还有这句，《中国共产党章程》总纲规定："中国共产党以马克思列宁主义、毛泽东思想、邓小平理论、'三个代表'重要思想、科学发展观、习近平新时代中国特色社会主义思想作为自己的行动指南。"

无论是宪法还是党章，无论是思想指引还是行动指南，提到的第一个名字都是马克思。

问题来了。

这个世界上最大的执政党，缘何在指导思想的旗帜上第一个写上马克思的名字？马克思可是个外国人，为什么我们不首先写某个中国人的名字，以某个中国人的主义为指导？

要知道，我们泱泱大中华，物华天宝，人杰地灵，我们有秦皇汉武，我们有唐宗宋祖，我们有孔孟老庄。

为何是马克思？为何是马克思主义？

其实，开始的开始，还不是马克思主义。

鸦片战争之后，先是农民起义风起云涌，太平天国运动势如破竹，改头换面地学习基督教，讲天父天兄。结果，天京事变之后，太平天国逐步走向失败。后来，搞洋务运动，是学习西方，既然技不如人，那就师夷长技以自强。

结果，在甲午中日战争中蒙受奇耻大辱，输了个彻头彻尾，加深了中国半殖民地化程度的同时，也直接导致了洋务运动的破产。

然后，搞戊戌变法，是学习日本，但相似的花没有结出相同的果。戊戌变法也称百日维新，最后只坚持了103天便以六君子的流血事件而告终，学习日本也不成。

再然后，搞辛亥革命，是学习美国，中山先生从美国归来，吸收了美利坚政治制度的先进理念，立志共和。

结果，革命果实被老辣的袁世凯窃取，民国虽然建立，共和远未达成，学习美国又不成。

再再然后，我们搞新文化运动，技术不如人、制度不如人都太表面了，我们是思想不如人、文化不如人，那就学习法国，学习启蒙运动。

结果，巴黎和会的分赃消息传来，五四运动爆发，"救亡压倒了启蒙"，学习法国还不成。

在中国近现代历史的舞台上，各种仁人志士都在探索救亡图存的道路，各种探索者都在给中国开药方、动手术，可以说是"你方唱罢我登场"，很可惜都没有成功。

最后，才是学习苏俄，我们在共产国际的帮助下成立中国共产党，毛主席宣告说，十月革命的一声炮响，给中国送来了马克思列宁主义。

简单说，为什么选择马克思主义？

因为马克思主义是关于全人类解放的理论，正是当时处于危难之际的中国所需要的前行指南。我们选择马克思主义是历史作出的判断，是时间给出的答案。

第二个问题：马克思主义为什么要中国化？

马克思主义是"即插即用"的吗？是一试就灵的吗？

其实也不是。

马克思主义在中国的传播并非一帆风顺、四平八稳，早期我们曾忽视中国的具体实践和实际，照抄照搬马克思主义理论教条，盲目复制粘贴别人经验，后果就是水土不服——革命遭受挫折、事业陷入低谷……

莫非，马克思主义也不行？

其实，《共产党宣言》1872年德文版的序言里给出过回答，"这些原理的实际运用……随时随地都要以当时的历史条件为转移"[①]。

中国选择了马克思主义，但是不能简单地照搬照抄。马克思主义后来在中国的发展，不断地印证了这一点。

我们看到，在中国革命、建设、改革各个历史时期，中国共产党坚持将马克思主义基本原理同中国具体实际相结合，与

---

① 《马克思恩格斯选集》（第一卷），人民出版社2012年版，第376页。

时俱进，不断实现着"马克思主义中国化"。

马克思曾经说过，问题就是时代的口号。其实，马克思主义中国化的每一次理论创新，都是在回答重大的时代问题。

比如，在回答"选择一条什么样的道路才能把中国革命引向胜利"等重大问题的过程中，我们形成了毛泽东思想。

比如，在回答什么是社会主义、怎样建设社会主义这一根本问题的过程中，我们形成了邓小平理论。

比如，在进一步回答什么是社会主义、怎样建设社会主义和建设什么样的党、怎样建设党这一问题的过程中，我们形成了"三个代表"重要思想。

比如，在回答新形势下实现什么样的发展、怎样发展等重大问题的过程中，我们形成了科学发展观。

那么，党的十八大后，我们面临的是什么问题呢？那就是：新时代坚持和发展什么样的中国特色社会主义、怎样坚持和发展中国特色社会主义，建设什么样的社会主义现代化强国、怎样建设社会主义现代化强国，建设什么样的长期执政的马克思主义政党、怎样建设长期执政的马克思主义政党等重大时代课题。我们坚持把马克思主义基本原理同中国具体实际相结合、同中华优秀传统文化相结合，我们对这个时代课题给出的回答，就是习近平新时代中国特色社会主义思想。

这就是宪法中"思想指引"和党章中"行动指南"的来

源，既一脉相承，又与时俱进。透过这条思想脉络，我们感受到的正是马克思主义一直保持的"年轻态"。

一句话，马克思主义理论的形成并没有结束真理，而是开辟了认识真理的道路。

这就是思想穿越时间和空间的力量。

第三个问题：马克思主义过时了吗？

马克思，生于1818年，逝于1883年，享年65岁。

在他离开之后的很多年里，有一种声音时不时会出现，那就是"马克思主义过时了"。

尤其是20世纪八九十年代，世界社会主义遭受严重挫折。西方世界很多人热烈庆祝这一"世界性的胜利"，鼓噪马克思主义终结、社会主义终结。

问题来了，马克思主义过时了吗？

答案当然是否定的。今天，我们已经看得很清楚，苏联解体、东欧剧变，不是马克思主义的失败，相反，是主动放弃马克思主义指导地位后的失败。

事实上，一个已经被时代淘汰的思想不会也不需要被拿出来反复宣判它的过时。唯一的解释，就是它依然展示着强大的生命力。

前面提到过，1999年9月，英国广播公司（BBC）曾组织展开了一场千年思想家的评选，结果是马克思位居第一，相对论的提出者爱因斯坦屈居第二。

2008年国际金融危机爆发，"马克思现象"再一次在西方世界生成。西方人每每在生死存亡的关键时刻都会不约而同地想起这位伟大思想家，这次也不例外。

有人曾用调侃的方式总结中国近百年的历史：1911年是只有资本主义才可以救中国（辛亥革命），1949年是只有社会主义才可以救中国（新中国成立），1991年是只有中国才可以救社会主义（苏联解体、东欧剧变），2008年是只有中国才可以救资本主义（国际金融危机），到了2012年，是只有中国才可以救全世界（电影《2012》）……

调侃归调侃，问题还得认真回答。为什么中国经历了从被别人救到可以拯救别人的转变？这正是马克思主义的力量，也是当代中国马克思主义的魅力所在。

有人直言：为什么他不在了，他的思想还在？

答案也很简单。

因为马克思主义所揭示的生产力与生产关系的矛盾运动依然在起着作用；因为马克思主义所揭示的剩余价值规律依然在起着作用；因为马克思主义所揭示的人类社会发展规律依然在起着作用；因为马克思主义的基本原理和思维方法依然在起着作用……

这些年，很多国家的政治家、政治学者期盼从中国的发展道路中找到可以借鉴的法宝。后来，他们发现了秘籍，那就是短短几年内在上百个国家和地区热销的《习近平谈治国理政》。

邓小平同志曾说过一句话，"我坚信，世界上赞成马克思主义的人会多起来的，因为马克思主义是科学"[①]。当今世界，虽然社会制度有差异、意识形态各不同，但一个观点已成共识，那就是马克思主义并未过时，中国让社会主义学说重新伟大。

第四个问题：如何评价马克思？

让我们回到马克思本人。

网络上流传着一个段子，来讲什么是"成功男人"。标准如下：3岁，不尿裤子；5岁，能自己吃饭；18岁，能自己开车；20岁，有女朋友；30岁，有钱；50岁，还有钱；70岁，还能自己开车；80岁，还能自己吃饭；90岁，还不尿裤子；100岁，还没有挂在墙上；200岁，还挂在墙上。

我想，在这个充满调侃与玩笑的标准里面，最难做到也是已达最高境界的，无疑是最后一条。

---

① 《邓小平文选》（第三卷），人民出版社1993年版，第382页。

2018年,是马克思出生后的第200个年头。

他依然"挂在墙上"。

这里的"挂在墙上",绝非只是挂在你我家里的墙上,而是全世界很多角落的墙上。

这就是诗人臧克家先生所说的:有的人死了,他还活着。

我们应该如何评价马克思?

凡人不好评价,伟人更是如此。

仔细想来,对马克思最为中肯客观的评价只能由一个人给出,既不溜须拍马,亦不中伤诋毁,那就是马克思最亲密的战友,也是与他有着最传奇友谊的革命同志恩格斯。

恩格斯的评价我们前面提到过,也是一篇经典,叫《在马克思墓前的讲话》。

在这篇经典文章里,一贯严谨的恩格斯动情地说道,"而我可以大胆地说:他可能有过许多敌人,但未必有一个私敌"[1]。

"他的英名和事业将永垂不朽!"[2]

如果你读过这篇文章,从中选一句话作为方向指引,你会选哪句呢?

我选这句,"他可能有过许多敌人,但未必有一个私敌"。

---

[1][2] 《马克思恩格斯选集》(第三卷),人民出版社2012年版,第1004页。

此种境界，令人叹服。

早期社会主义活动家莫泽斯·赫斯曾这样介绍马克思：你将会看到最伟大，也许是当今活着的唯一的真正的哲学家……他具有最深刻的哲学头脑，又具有罕见的智慧；如果把卢梭、伏尔泰、霍尔巴赫、莱辛、海涅和黑格尔结合在一起（我说的是结合，不是凑合），那么结果就是一个马克思博士。

这么多伟大人物的结合体，人类已经无法阻挡马克思！

说到马克思与其他哲学家的区别，还是让我们用马克思在《关于费尔巴哈的提纲》中的第十一条作为小结："哲学家们只是用不同的方式解释世界，问题在于改变世界。"①

马克思的思想仍在传承和发展，马克思主义正在越来越深远地改变世界。所以，我们今天可以确定无疑地说，200多岁的马克思依然"年轻"。

当然，还有其他需要解决的问题，比如为什么说资本主义必然灭亡，但是现实中它又没有灭亡，甚至短时间之内还不会灭亡等，这些在我们通读完《共产党宣言》之后，也就有了答案。

---

① 《马克思恩格斯文集》（第一卷），人民出版社2009年版，第502页。

二、书和它诞生的时代

每一本书都是时代的产物。《共产党宣言》的产生同样离不开它所处的那个时代。

接下来，我们从四个方面来聊聊，产生《共产党宣言》的时代有什么特点。

第一是经济基础。这个经济基础源自工业革命的蓬勃发展。工业革命的划时代意义就在于它使得人类社会从农业社会进入了工业社会，这是一个巨大的历史跨越。

千百年来，虽然人类社会历经了奴隶社会、封建社会，但都是以农业生产为主，男耕女织，劳动也相对独立。但是，进入资本主义社会之后，人类社会的生产方式发生了本质变化，逐渐完成了从农业社会向工业社会的转变。

在时代的转折关头，总有些人能于巨变的浪潮中脱颖而出，被历史铭记。18世纪60年代，英国有一名工人，叫哈格里夫斯，他在纺棉花的时候突发奇想，一只手摇着纺车拉出一根线头太慢了，多拉几根线头不就快了吗？后来他就通过改良加工造了一辆纺车，被后人称为手摇珍妮纺车，一次能拉出16—18根线头。纺车造出来后又有个难题，手摇不动了，于是接下来得解决动力问题。面对生产的需要，有一个叫瓦特的人就改良发明了蒸汽机。瓦特是怎么发明蒸汽机的?我们听到的故事是他发现水烧开的时候,壶盖在动……故事归故事,我们要知道,蒸汽机早就有了。瓦特是一名工人,他用了10年的时间对蒸汽机进行改进,并申请了专利。改进以后的蒸汽机能和纺车绑到一起,能带着纺车转——现代意义上的纺织机出现了。思路进一步拓展,把蒸汽机和马车绑到一起,在街上跑,那叫什么?汽车!那后边再带几辆马车呢?火车!马车、纺车都是木头造的,哪能经得起蒸汽机折腾,那是不是要用铁来造?那就得挖铁矿,挖了铁矿挖煤矿,挖了煤矿把钢炼出来,再把钢铁加工成机器设备,工业革命就这样轰轰烈烈展开了。工业革命开启了机器大工业时代。所以,马克思讲过这样一句话:"社会一旦有技术上的需要,这种需要就会比十所大学更能把科学推向前进。"[①]

《共产党宣言》发表的时候,法国工业革命已经完成了。德国当时比较落后,但也已经开启了工业革命的历史进程。所以《共产党宣言》所处的那个时代就是工业革命的时代,就是一个生产方式发生本质变化的时代。怎么概括这样一个时代呢?著名小说家狄更斯有一部伟大作品叫《双城记》,里面有一句话概括得非常好:这是一个最好的时代,也是一个最坏的

---

① 《马克思恩格斯选集》(第四卷),人民出版社2012年版,第648页。

时代。为什么这么说？从好的方面讲，它带来了前所未有的生产力的极大发展，创造了比过去所有时代都更强大的生产力，它带来了物质财富的急剧增加，商品像潮水一样涌现，它让我们看到了创造一个新社会的可能性。从坏的方面讲，这个时代也造成了极为普遍的贫困，造成了大量的无产阶级赤贫者。

第二是政治条件。我们说，《共产党宣言》诞生的时代是一个革命如火如荼的时代，发生了大家所熟知的三大工人起义，分别是法国里昂工人起义、英国宪章运动和德国西里西亚纺织工人起义。当然，大家也都知道这三大工人起义的结局是一样的，都是以工人阶级的失败而告终。失败的原因，一方面，就是缺少先进理论的指导；另一方面，就是缺少先进政党组织的领导。在1847年，社会上的革命气息已经很浓，山雨欲来风满楼，马克思已经察觉到一场巨大的革命即将到来（也就是历史上的1848年革命），他们要在这个革命到来之前给予正确的理论指导。同时，他们也认为在即将到来的革命中，工人阶级将取得胜利，登上历史的舞台，所以从政治条件上来讲，这个理论的诞生迫在眉睫。

第三是思想基础。任何的思想理论都不是凭空产生的，它既依托于同时代的经济基础，也有着使它受到滋养的思想的渊源和脉络。讲到这个问题，就要追溯到科学社会主义的思想源头和发展，就要聊到空想社会主义。大家知道，在资本原始积累阶段，有过"羊吃人"的圈地运动，温顺的羊为什么会吃人呢？因为要养羊，就要占用土地，但土地上有农民，怎么办呢？那就把农民从土地上赶走，把土地用来养羊。农民失去了土地，失去了生计，但是政府又禁止流浪，于是农民就被逼进了工厂里，成了无产阶级。

面对这样一个人压迫人、人剥削人的社会，有的理论家开始批判这样的社会，开始批判资产阶级，他们希望建立一个美好的社会。托马斯·莫尔带来了"乌托邦"，描绘了一个岛国，没有压迫，没有剥削，人人劳动，是一个完美的世界。19世纪的欧洲出现了大家熟悉的三大空想社会主义者，即圣西门、傅立叶和欧文。欧文不光是空想社会主义的设计者，还身体力行，变卖家产，到美国搞了"新和谐公社"的探索。所以恩格斯说，"德国的理论上的社会主义永远不会忘记，它是站在圣西门、傅立叶和欧文这三个人的肩上的"[1]。

第四是理论积淀。在《共产党宣言》发表之前，马克思和恩格斯已经做了大量思考和积累。我们举两个例子。比如，从1845年到1846年，马克思、恩格斯合作了一本经典著作，即《德意志意识形态》，这是一本哲学著作，第一次系统地阐述了历史唯物主义的基本观点，为科学社会主义的诞生奠定了理论

---

[1] 《马克思恩格斯文集》（第二卷），人民出版社2009年版，第218页。

基础。又如,《共产党宣言》发表之前的1847年,为反对蒲鲁东的《贫困的哲学》,马克思又写了一本《哲学的贫困》,从经济学角度分析了资本主义社会,为透彻地理解资本主义运行规律奠定了基础。正是因为有前期的这些理论积淀和深刻思考,所以马克思才能在《共产党宣言》中厚积薄发,将透彻的理论摆在工人阶级面前,来指导即将到来的工人运动。

万事俱备,只欠东风。

那一部旷世经典即将横空出世。

三、不能忽视的七篇"序言"

这里的"序言",指的是《共产党宣言》的七篇"序言"。

足足七篇"序言",不能视而不见。

《共产党宣言》的内容大体分为三个部分:序言、引子和正文。

对一本书里的"序言",很多时候我们会一带而过,这肯定不行。虽然限于篇幅和内容设置,我们无法逐一讲解每句话,但七篇"序言"还是必须重点说一下。

为啥呢?因为有很多疑问,都需要到"序言"里面去寻找答案。

此外,"序言"里还有其他一些具有说明性和补充性的内容,比如恩格斯反复强调马克思的贡献等,这些在正文里不好体现,会影响整体行文,但在"序言"中则有强调和阐述。

那为何会有七篇"序言"?一篇还不行,得写七篇?

很简单,七篇"序言"对应七个版本,对应不同时间和不同空间。

从时间上来说,时移世易,时间变了,世道变了,情况变了,有些问题的说法也要有调整,这就要补充说明;从空间上来说,不同的国家有不同的国情,德文版、英文版、意大利文版等,对应不同的受众和国家,也需要做些解释。

关于"序言",我们重点回答两个问题。

第一个问题:《共产党宣言》有时候也叫《共产主义宣言》,但是为什么不叫《社会主义宣言》?

1888年英文版"序言"和1890年德文版"序言"都给出了解释。

恩格斯说,在《共产党宣言》出版的时候,我们不能把它叫作社会主义宣言。为什么呢?因为"社会主义"这个词在那个时候含义不一样。在1847年,所谓"社会主义者"是指两种人:一种是各类空想主义体系的信徒;另一种是形形色色的社会庸医,他们想用各色各样的万应灵丹和补助办法来消除社会弊病,而毫不伤及资本主义社会的本质。这两种人都是站在工人阶级立场之外的,宁愿向"有教养的阶级"寻求支持。相反,当时确信单纯政治变革还不够,认为必须对全部社会进行根本改造的人,则把自己叫作共产主义者。

也就是说,《共产党宣言》发表前夕,形形色色的社会主义流派广泛存在,甚至一些非社会主义的思想也借用了社会主义的名称。所以,那时候"社会主义者"成分挺复杂,倒是"共产主义者"立场很明确。换句话说,在1847年,社会主义意味着资产阶级的运动,共产主义意味着工人的运动。因此,在《共产党宣言》中,马克思和恩格斯为了同当时形形色色的社会主义相区别,特别使用了"共产主义"来表明自己的学说。

有个问题我们一并说明。很多青年朋友搞不清楚,在使用搭配上,有时候我们说"信仰共产主义",有时候说"实现共产主义",有时候说"推动共产主义","共产主义"好像有不同的含义和解释,那在不同语境下究竟该怎么理解?

简单说,"共产主义"是主义、制度和运动的"三位一体"。大致上有三个方面的含义:一是指人类思想发展过程中的共产主义学说或者思想、思潮和流派,所以叫"信仰共产主义",指的是马克思主义信仰;二是指人类社会发展过程中共产主义这种社会形态和社会制度,所以叫"实现共产主义";三是指在社会主义学说指导、影响和作用下,为争取社会主义制度的建立、巩固和发展的社会运动,这就是"推动共产主义"。

第二个问题：马克思、恩格斯如何看待理论的时效性问题？换句话说，《共产党宣言》发表至今已经过去了一百多年，所阐述的原理有没有过时？今天我们为什么还要学习？我们又该如何看待基本原理和原理的具体运用？

"序言"中也给出了答案。马克思、恩格斯在《共产党宣言》1872年德文版"序言"中指出："不管最近25年来的情况发生了多大的变化，这个《宣言》中所阐述的一般原理整个说来直到现在还是完全正确的。某些地方本来可以作一些修改。这些原理的实际运用，正如《宣言》中所说的，随时随地都要以当时的历史条件为转移……"[①]

在这段话里，马克思和恩格斯给出了科学的方法。我们该如何看待基本原理？如何来运用基本原理？那就是应该根据时间、地点和条件的不同而实事求是地运用。因此，那些经过实践检验的基本原理可以被丰富，但是不会过时；而那些未经实践检验的基本原理，也应该根据新的实践和新的经验去验证、补充和发展。

---

① 《马克思恩格斯选集》（第一卷），人民出版社2012年版，第376页。

第三章

一起来读
《共产党宣言》

原 文

一个幽灵,共产主义的幽灵,在欧洲游荡。为了对这个幽灵进行神圣的围剿,旧欧洲的一切势力,教皇和沙皇、梅特涅和基佐、法国的激进派和德国的警察,都联合起来了。①

解 读

▶ 在欧洲,一个叫人害怕的幽灵四处游荡,这就是共产主义。它有违社会秩序,反对现存制度,因此,很多势力都在对它进行围剿。比如教皇,这是宗教势力的代表;比如沙皇,这是指俄国的领导人尼古拉一世;比如梅特涅,这是奥地利的领导人;比如基佐,这是法国的首相;等等。在共产主义这个共同的敌人面前,这些势力都联合起来了。

---

① 本书解读之《共产党宣言》原文主要参照人民出版社2018年版《共产党宣言》中的文本。

第三章 一起来读《共产党宣言》

有哪一个反对党不被它的当政的敌人骂为共产党呢？又有哪一个反对党不拿共产主义这个罪名去回敬更进步的反对党人和自己的反动敌人呢？

▶ 在当时，共产主义已经成为一种罪名、一顶"帽子"，用它去攻击自己的敌人是常见的做法。只要"污蔑"对方是共产党，搞的是共产主义，那攻击对方就无比正当了。

从这一事实中可以得出两个结论：

共产主义已经被欧洲的一切势力公认为一种势力；

现在是共产党人向全世界公开说明自己的观点、自己的目的、自己的意图并且拿党自己的宣言来反驳关于共产主义幽灵的神话的时候了。

为了这个目的，各国共产党人集会于伦敦，拟定了如下的宣言，用英文、法文、

▶ 根据以上事实，可以得出两个结论：

第一，共产主义不容忽视，已经被公认为是一种不可小觑的势力。

第二，共产党人是时候站出来了。他们既然到处被围剿、被攻击、被污蔑，那干脆自己站出来，说说自己到底是什么、要干什么。与其让别人乱说，不如自己公开表态。

为了说明自己、反驳对手，各国共产党人在伦敦集会，拟定了这本宣言，用英文、法文、

- 071 -

德文、意大利文、佛拉芒文和丹麦文公布于世。

德文、意大利文、佛拉芒文(比利时荷兰语的旧版)和丹麦文向世界介绍共产主义。

一、共读"资产者和无产者"

原　文

至今一切社会的历史都是阶级斗争的历史。

自由民和奴隶、贵族和平民、领主和农奴、行会师傅和帮工,一句话,压迫者和被压迫者,始终处于相互对立的地位,进行不断的、有时隐蔽有时公开的斗争,而每一次斗争的结局都是整个社会受到革命

解　读

▶ 自阶级产生以后,历史川流不息,主线一以贯之,那就是阶级斗争。

▶ 原始社会结束以后,人类社会进入阶级社会,在阶级社会中,一直存在着对立的双方,一方是压迫者,另一方是被压迫者,双方不断斗争,矛盾不可调和。在不同的社会形态下,斗争的双方也不同。在奴隶社会中是自由民和奴隶、贵族和平

改造或者斗争的各阶级同归于尽。

民之间的斗争;在封建社会中是贵族和平民、领主和农奴、行会师傅和帮工之间的斗争。

阶级斗争的结局有两种。一是社会形态没变,但是进行了改造,有所发展。比如19世纪英国工业革命后,工人因工作时间长、环境恶劣,通过罢工、游行的方式进行斗争,推动通过了十小时工作日法案,使生产关系有所调整、工作条件有所改善,促进了社会发展。二是社会形态变了,斗争双方没了,历史进入新阶段。比如18世纪末,法国资产阶级和封建贵族之间阶级矛盾激化,1789年大革命爆发,推翻了波旁王朝,社会形态从封建社会转变为资本主义社会,开启了历史新阶段。

在过去的各个历史时代，我们几乎到处都可以看到社会完全划分为各个不同的等级，看到社会地位分成多种多样的层次。在古罗马，有贵族、骑士、平民、奴隶，在中世纪，有封建主、臣仆、行会师傅、帮工、农奴，而且几乎在每一个阶级内部又有一些特殊的阶层。

▶ 进入原始社会以后，社会上所有的人都属于一定的阶级，不是属于这个阶级，就是属于那个阶级。比如，古罗马，这是奴隶制国家，社会上有贵族、骑士、平民、奴隶；又如，欧洲中世纪，这是封建社会时期，社会上有封建主、臣仆、行会师傅、帮工、农奴。除了社会划分阶级，阶级内部还有阶层，整个社会的层次比较丰富。

从封建社会的灭亡中产生出来的现代资产阶级社会并没有消灭阶级对立。它只是用新的阶级、新的压迫条件、新的斗争形式代替了旧的。

▶ 现代资产阶级社会取代封建社会，形式变了，但本质没变，属于新瓶装旧酒、换汤不换药。它还是阶级社会，人压迫人，人剥削人，只是有了新的阶级、新的剥削方式和新的斗争形式。

第三章 一起来读《共产党宣言》

但是,我们的时代,资产阶级时代,却有一个特点:它使阶级对立简单化了。整个社会日益分裂为两大敌对的阵营,分裂为两大相互直接对立的阶级:资产阶级和无产阶级。

从中世纪的农奴中产生了初期城市的城关市民;从这个市民等级中发展出最初的资产阶级分子。

美洲的发现、绕过非洲的航行,给新兴的资产阶级开辟了新天地。东印度

▶ 虽然都是阶级社会,但马克思和恩格斯所处的资产阶级时代跟过去不一样:过去的阶级对立是复杂的、分散的、多种多样的,而现在简单化了,只有两大对立阶级——资产阶级和无产阶级。

▶ 资产阶级从哪里来?从封建社会内部来。中世纪的欧洲,农奴可以进入自由城市,在那里住满足够的期限就可以获得市民的身份,拥有人身自由。有些市民有才能和技术,成了行会师傅,还有些市民从事商业活动等,慢慢地就形成了最初的资产阶级。

▶ 新兴资产阶级的发展也有"加速器",比如"美洲的发现",就是哥伦布于15世纪90年代

和中国的市场、美洲的殖民化、对殖民地的贸易、交换手段和一般商品的增加,使商业、航海业和工业空前高涨,因而使正在崩溃的封建社会内部的革命因素迅速发展。

开辟新航路发现了美洲新大陆;比如"绕过非洲的航行",就是迪亚士到达非洲好望角,达·伽马从欧洲绕过好望角到达印度西南部。

新航路的开辟如火如荼,让世界各大洲彼此相连,也让资产阶级的生意联通全世界。在这样的背景下,新制度快速发展,旧制度加速衰亡。

以前那种封建的或行会的工业经营方式已经不能满足随着新市场的出现而增加的需求了。工场手工业代替了这种经营方式。行会师傅被工业的中间等级排挤掉了;各种行业组织之间的分工随着各个作坊内部的分工的出现而消失了。

▶ 市场逐步在变化,尤其是经营方式。以前是靠封建的或行会的经营方式,比如在行会规定下,织布师傅负责生产布,缝纫师傅负责制衣。后来这种传统的经营方式被取代了,工场手工业成了新的生产方式,工厂主代替了行会师傅。现在,大家被集中到同一个工厂中,行业之间的分工变成了工厂内部的分工。

第三章 一起来读《共产党宣言》

但是,市场总是在扩大,需求总是在增加。甚至工场手工业也不再能满足需要了。于是,蒸汽和机器引起了工业生产的革命。现代大工业代替了工场手工业;工业中的百万富翁、一支一支产业大军的首领、现代资产者,代替了工业的中间等级。

▶ 但是,变化还在继续,市场在扩大,需求在增加,工场手工业不能满足需要了,毕竟再细化的分工合作还是要靠手工,生产效率上不去,于是,新的变革呼之欲出,这就是蒸汽和机器引起的工业革命。从纺纱机到蒸汽机再到火车和轮船,现代大工业代替了工场手工业。于是,手工劳动走向机器劳动,资本主义从工场手工业时代进入机器大工业时代。在工业革命中崛起的资产阶级,迅速积累了巨额财富,代替了工场手工业时期处于中间地位的阶层,如行会师傅等。

大工业建立了由美洲的发现所准备好的世界市场。世界市场使商业、航海业和陆路交通得到了巨大

▶ 在资本主义时代,大工业和世界市场相互促进。大工业凭借先进的生产技术和大规模的生产方式,产出了大量的商

的发展。这种发展又反过来促进了工业的扩展,同时,随着工业、商业、航海业和铁路的扩展,资产阶级也在同一程度上发展起来,增加自己的资本,把中世纪遗留下来的一切阶级排挤到后面去。

由此可见,现代资产阶级本身是一个长期发展过程的产物,是生产方式和交换方式的一系列变革的产物。

资产阶级的这种发展的每一个阶段,都伴随着相应的政治上的进展。它在封建主统治下是被压迫的等级,在公社里是武装的和

品,迫切需要开拓更大的市场,而世界市场的形成又让商业、航海业和陆路交通都发展了起来;更加发达和充分的市场能够消化更多的商品,又进一步促进了工业的扩展。在这个过程中,资本在积累,资产阶级在壮大,封建残留的一切阶级都躲不过被淘汰的命运。

▷ 由此可见,现代资产阶级不是从来就有的,而是经历了从诞生到弱小再到壮大的过程,是伴随着生产方式和交换方式的一系列变革成长起来的。

▷ 资产阶级的经济状况在发展,政治诉求和政治地位也在变化。在封建主统治的时候,资产阶级处于被压迫的地位,在公社里,发展成为武装和自治

自治的团体,在一些地方组成独立的城市共和国,在另一些地方组成君主国中的纳税的第三等级;后来,在工场手工业时期,它是等级君主国或专制君主国中同贵族抗衡的势力,而且是大君主国的主要基础;最后,从大工业和世界市场建立的时候起,它在现代的代议制国家里夺得了独占的政治统治。现代的国家政权不过是管理整个资产阶级的共同事务的委员会罢了。

资产阶级在历史上曾经起过非常革命的作用。

资产阶级在它已经取

的团体。在一些地区,资产阶级积累起大量财富,在城市中获得了自治权,形成了经济上相对独立的城市共和国;在另一些地区,资产阶级在经济上逐渐崛起,但是并未独立,仍然受到封建贵族和教会的压制,只能作为第三等级,通过纳税的方式,委曲求全地换取生存的空间。到了工场手工业时期,它则变成与封建残留贵族相抗衡的势力。最后,当生产力再进一步发展,随着现代大工业和世界市场的建立,资产阶级地位进一步提升,夺得了独占的政治统治地位,建立了自己的国家政权,管理整个共同事务。

▶ 资产阶级在历史上曾体现出非常突出的革命性。

原来那些封建的、宗法的

得了统治的地方把一切封建的、宗法的和田园诗般的关系都破坏了。它无情地斩断了把人们束缚于天然尊长的形形色色的封建羁绊,它使人和人之间除了赤裸裸的利害关系,除了冷酷无情的"现金交易",就再也没有任何别的联系了。它把宗教虔诚、骑士热忱、小市民伤感这些情感的神圣发作,淹没在利己主义打算的冰水之中。它把人的尊严变成了交换价值,用一种没有良心的贸易自由代替了无数特许的和自力挣得的自由。总而言之,它用公开的、无耻的、直接的、露骨的剥削代替了由宗教幻想和政治幻想掩盖着的剥削。

关系都被它摧毁了,包括人身依附关系、等级关系和自然经济关系等。人和人之间形形色色的关联也被摧毁了,剩下的只是冷酷无情的利害关系和金钱关系。那些宗教的神圣与虔诚没有了,那些骑士的忠诚与热忱没有了,那些小市民的多愁善感也没有了,统统淹没在利己主义打算的冰水之中。在资产阶级统治下,尊严是可以交易的,人格是可以作价的,所谓自由也不过是贸易的自由、掠夺的自由。总之,如果说原来的剥削是遮遮掩掩的,还需要宗教、迷信和政治幻想的面纱,那现在的剥削则是直截了当、毫无顾忌的。

第三章 一起来读《共产党宣言》

资产阶级抹去了一切向来受人尊崇和令人敬畏的职业的神圣光环。它把医生、律师、教士、诗人和学者变成了它出钱招雇的雇佣劳动者。

资产阶级撕下了罩在家庭关系上的温情脉脉的面纱,把这种关系变成了纯粹的金钱关系。

资产阶级揭示了,在中世纪深受反动派称许的那种人力的野蛮使用,是以极端怠惰作为相应补充的。它第一个证明了,人的活动能够取得什么样的成就。它创造了完全不同于埃及金字塔、罗马水道和哥特式教堂的奇迹;它完成了完全

> 那些受人尊崇和令人敬畏的职业的神圣光环都消失了。无论是医生、律师、教士、诗人,还是学者,都走下了神坛,变成了"打工人",听命于资本的摆布。

家庭也是一样,温情脉脉的面纱被撕掉了,亲情关系变成了纯粹的金钱关系。

> 必须承认,资产阶级的手法比过去高明了很多。过去对人力纯粹是野蛮使用,虽然取得了成就,但也造成了劳动者的消极怠工。而如今,生产力极大提高,人的活力被激发,取得的成就也是前所未有的。过去人们创造了埃及金字塔、罗马水道和哥特式教堂等杰作,资产阶级则创造了新的生产方

- 081 -

不同于民族大迁徙和十字军征讨的远征。

资产阶级除非对生产工具,从而对生产关系,从而对全部社会关系不断地进行革命,否则就不能生存下去。反之,原封不动地保持旧的生产方式,却是过去的一切工业阶级生存的首要条件。生产的不断变革,一切社会状况不停的动荡,永远的不安定和变动,这就是资产阶级时代不同于过去一切时代的地方。一切固定的僵化的关系以及与

式,创造了现代城市、工厂等新的奇迹;过去基于战争和暴力完成了民族大迁徙和十字军征讨等人类活动,资产阶级的"远征"则借助经济和科技的发展,完成了新航路的开辟、殖民地的建立和全球市场的扩张等。

▶ 一切都快了起来。

在资本主义社会之前,比如农业社会中,生产力的发展和生产方式的变化极其缓慢,因此工业阶级的生存是相对稳定的。进入资本主义社会,生产力不断发展,资产阶级就必须不停地革命和变革,否则就会被市场竞争所淘汰。它就像上了高速公路,没办法停下来,甚至没办法慢下来,只能不停地奔跑。于是,动荡、变动和不安定就成了社会的常态,这跟过去的时代都

第三章 一起来读《共产党宣言》

之相适应的素被尊崇的观念和见解都被消除了,一切新形成的关系等不到固定下来就陈旧了。一切等级的和固定的东西都烟消云散了,一切神圣的东西都被亵渎了。人们终于不得不用冷静的眼光来看他们的生活地位、他们的相互关系。

不断扩大产品销路的需要,驱使资产阶级奔走于全球各地。它必须到处落户,到处开发,到处建立联系。

资产阶级,由于开拓了世界市场,使一切国家的生产和消费都成为世界性的了。使反动派大为惋惜的

不一样。在资产阶级时代,人们的身份和相互之间的关系不断变化,快速更迭。也许昨天还是资本家,明天就沦为工人;也许昨天还是温情脉脉,明天就相互利用。一切等级的和固定的东西都烟消云散了,一切神圣的东西都被亵渎了。严酷的现实促使人们重新审视他们的生活地位和人们之间的相互关系。

> 随着生产规模越来越大,产品不断增加,市场就不够用了,于是资本家就必须要全球奔波去找市场,世界也就这样被联系了起来。

> 当世界联成一个整体,当地球变成地球村,一切都在发生变化。新的工业不断产生,旧的民族工业不断消亡,能不

是，资产阶级挖掉了工业脚下的民族基础。古老的民族工业被消灭了，并且每天都还在被消灭。它们被新的工业排挤掉了，新的工业的建立已经成为一切文明民族的生命攸关的问题；这些工业所加工的，已经不是本地的原料，而是来自极其遥远的地区的原料；它们的产品不仅供本国消费，而且同时供世界各地消费。旧的、靠本国产品来满足的需要，被新的、要靠极其遥远的国家和地带的产品来满足的需要所代替了。过去那种地方的和民族的自给自足和闭关自守状态，被各民族的各方面的互相往来和各方面的互相依赖所代替了。物质的生产是如此，

能拥有先进生产力关系到一个文明民族的生死存亡。自给自足和闭关自守的状态已经不可能，工业加工的不再是本地的原料，而是来自极其遥远的地区的原料；产品不仅供本国消费，同时供世界各地消费。过去，人们的生活靠本国的商品，而现在各个国家之间相互依赖、互通有无。物质生产是这样，精神生产也是这样，全球一体化打破了民族的片面性和局限性，民族文学和地方文学开始变成世界文学。

第三章 一起来读《共产党宣言》

精神的生产也是如此。各民族的精神产品成了公共的财产。民族的片面性和局限性日益成为不可能,于是由许多种民族的和地方的文学形成了一种世界的文学。

资产阶级,由于一切生产工具的迅速改进,由于交通的极其便利,把一切民族甚至最野蛮的民族都卷到文明中来了。它的商品的低廉价格,是它用来摧毁一切万里长城、征服野蛮人最顽强的仇外心理的重炮。它迫使一切民族——如果它们不想灭亡的话——采用资产阶级的生产方式;它迫使它们在自己那里推行所谓的文明,即变成资产

▶ 资产阶级能够把一切民族甚至最野蛮的民族都卷进自己的发展节奏,靠的是两大助推器,一是生产工具的迅速改进,二是交通的极大发展。低价商品是它在全世界横冲直撞、所向披靡的撒手锏,就算万里长城也无法阻挡这种冲击。任何民族,只要不想灭亡,就得跟上节奏,跟资产阶级保持一致,变成资产者。一句话总结,资产阶级按照自己的面貌创造出了一个全新的世界。

者。一句话，它按照自己的面貌为自己创造出一个世界。

资产阶级使农村屈服于城市的统治。它创立了巨大的城市，使城市人口比农村人口大大增加起来，因而使很大一部分居民脱离了农村生活的愚昧状态。正像它使农村从属于城市一样，它使未开化和半开化的国家从属于文明的国家，使农民的民族从属于资产阶级的民族，使东方从属于西方。

资产阶级日甚一日地消灭生产资料、财产和人口的分散状态。它使人口密

▶ 从国内来看，城市化进程不可阻挡，人类社会从农业社会进入工业社会，人口开始了由农村向城市的迁移。于是，村民变成了市民，脱离了原先农村生活的愚昧状态，同时，城市越来越大，农村越来越弱，直到变成城市的附庸。国际上的情况也类似，资产阶级使未开化和半开化的农业化国家从属于工业化国家，使农民的民族从属于资产阶级的民族，使东方从属于西方。

▶ 资产阶级使集中和统一成为必然趋势。人口密集起来，生产资料集中起来，财产聚集

集起来,使生产资料集中起来,使财产聚集在少数人的手里。由此必然产生的结果就是政治的集中。各自独立的、几乎只有同盟关系的、各有不同利益、不同法律、不同政府、不同关税的各个地区,现在已经结合为一个拥有统一的政府、统一的法律、统一的民族阶级利益和统一的关税的统一的民族。

资产阶级在它的不到一百年的阶级统治中所创造的生产力,比过去一切世代创造的全部生产力还要多,还要大。自然力的征服,机器的采用,化学在工业和农业中的应用,轮船的行驶,铁路的通行,电报的使

在少数人手里。经济基础决定上层建筑,所以在经济上集中之后,随之而来的就是政治上的集中。原来几乎只因同盟关系而结合起来的各个地区,彼此利益不同、法律不同、政府不同,关税也不同,现在结合起来变成统一的民族,拥有统一的政府、统一的法律、统一的民族阶级利益和统一的关税。

▶ 资产阶级发挥了重大的历史进步意义。它通过机器、轮船、铁路、化学、电报等诸多方面的发明应用,创造了比过去一切时代的全部生产力还要多、还要大的生产力。交通的便利、地球的开发、人口的增加,让人看到了无限的可能。不同

用,整个整个大陆的开垦,河川的通航,仿佛用法术从地下呼唤出来的大量人口——过去哪一个世纪料想到在社会劳动里蕴藏有这样的生产力呢?

由此可见,资产阶级赖以形成的生产资料和交换手段,是在封建社会里造成的。在这些生产资料和交换手段发展的一定阶段上,封建社会的生产和交换在其中进行的关系,封建的农业和工场手工业组织,一句话,封建的所有制关系,就不再适应已经发展的生产力了。这种关系已经在阻碍生产而不是促进生产了。它变成了束缚生产的桎梏。它必须被炸毁,它已经被炸

于以往任何社会,资本主义社会释放了巨大的生产力,创造了前所未有的巨大财富,这种可能和力量就像法术一样,超乎想象。

▶ 社会发展总是一环扣一环,一个阶段为下一个阶段的发展提供土壤和产床。封建社会和资本主义社会也是这样,前者为后者提供发展的基础。曾经,封建社会取代奴隶社会,也展现过强大的生命力,发展也挺好,但是随着生产力的发展,封建的生产关系尤其是所有制关系不再适应生产力的发展,就变成了束缚和桎梏。就好比一个气球,当它不能容纳越来越发展变化的内容的时候,迎接它的也只能是爆炸的

毁了。

起而代之的是自由竞争以及与自由竞争相适应的社会制度和政治制度、资产阶级的经济统治和政治统治。

现在，我们眼前又进行着类似的运动。资产阶级的生产关系和交换关系，资产阶级的所有制关系，这个曾经仿佛用法术创造了如此庞大的生产资料和交换手段的现代资产阶级社会，现在像一个魔法师一样不能再支配自己用法术呼唤出来的魔鬼了。几十年来的工业和商业的历史，只不过是现代生产力反抗现代生产关系、反抗作为资产阶级及其统治的存在条件的命运。

相比封建社会的束缚，资本主义需要的底色是自由竞争，并在自由竞争的基础上建立起与之相适应的制度和统治。

▶ 现在，熟悉的一幕继续上演。曾经势不可挡的资产阶级生产关系和交换关系，也来到危险的边缘。资产阶级就像一个魔法师一样，能够召唤出魔鬼，却无法控制它，无法控制自己创造出来的横冲直撞的生产方式。过去几十年的历史，一直是这样一种状态。生产力一直在发展，但以资产阶级私有制为核心的生产关系和所有制关系毫无变化，资产阶级占有所有的生产资料，工人阶级仍然一无所有，于是生产力与资所有制关系的历史。只要指出在周期性的重复中越来越危及整个资产阶级社会生存的商业危机就够了。在商业危机期间,总是不仅有很大一部分制成的产品被毁灭掉,而且有很大一部分已经造成的生产力被毁灭掉。在危机期间,发生一种在过去一切时代看来都好像是荒唐现象的社会瘟疫,即生产过剩的瘟疫。社会突然发现自己回到了一时的野蛮状态;仿佛是一次饥荒、一场普遍的毁灭性战争,使社会失去了全部生活资料;仿佛是工业和商业全被毁灭了。这是什么缘故呢?因为社会上文明过度,生活资料太多,工业和商业太发达。社会所拥有的生产阶级生产关系以及所有制的关系之间,就出现了冲突。这种冲突的集中表现就是商业危机,也就是生产相对过剩的危机。在商业危机期间,总是会出现这样一种荒唐的现象和野蛮的状态:制成的产品被毁灭掉,已经发展起来的生产力被毁灭掉,于是一种社会瘟疫出现了——生产过剩的瘟疫。社会突然发现自己开始退化,回到了以前的野蛮状态。

怎么解释这种现象呢?看似是因为"文明过度",生产资料太多,工业和商业太发达。其实不然,发达不是问题,社会制度和生产关系拖了后腿才是问题。资产阶级的生产关系太狭窄了,容纳不了突飞猛进的生产力和社会财富,使社会陷入混乱,产生经济危机。

产力已经不能再促进资产阶级文明和资产阶级所有制关系的发展；相反，生产力已经强大到这种关系所不能适应的地步，它已经受到这种关系的阻碍；而它一着手克服这种障碍，就使整个资产阶级社会陷入混乱，就使资产阶级所有制的存在受到威胁。资产阶级的关系已经太狭窄了，再容纳不了它本身所造成的财富了。资产阶级用什么办法来克服这种危机呢？一方面不得不消灭大量生产力，另一方面夺取新的市场，更加彻底地利用旧的市场。这究竟是怎样的一种办法呢？这不过是资产阶级准备更全面更猛烈的危机的办法，不过是使防止危机的手段越来越少的办法。

那该怎么办呢？既然生产出来的商品太多了，那就只能是消灭或者消化。一方面，消灭大量的商品，比如资本家将牛奶倒入大海；另一方面，寻找更多更大的市场将商品消化掉，比如1837年，英国在爆发第二次经济危机之后，把目光瞄向了亚洲。但是，这些方法只能暂时缓解矛盾，毕竟世界就这么大，而且还留下了后遗症和副作用，每一次复发情况都更加严重，经济危机也一次比一次更猛烈。就像经济危机一开始发生在英国，后来发展到德国和法国，再后来逐渐席卷整个欧洲。这样做的后果就是：危机一次比一次猛，手段一次比一次少。

资产阶级用来推翻封建制度的武器,现在却对准资产阶级自己了。

> 资产阶级摧毁敌人的武器——巨大的生产力,正在悄然间瞄准自己。

但是,资产阶级不仅锻造了置自身于死地的武器;它还产生了将要运用这种武器的人——现代的工人,即无产者。

> 资产阶级不仅把自己送上了断头台,锻造了刑具,还给自己培养了行刑者——现代的工人,即无产者。

随着资产阶级即资本的发展,无产阶级即现代工人阶级也在同一程度上得到发展;现代的工人只有当他们找到工作的时候才能生存,而且只有当他们的劳动增殖资本的时候才能找到工作。这些不得不把自己零星出卖的工人,像其他任何货物一样,也是一种商品,所以他们同样地受到竞

> 无产阶级与资产阶级是一母同胞、一体两面。随着资本主义的发展,资产阶级在发展,无产阶级也在发展。在资本主义社会,无产阶级必须找到工作才能生存下去,而要想找到工作,他们的劳动就要能为资产阶级带来利润,这样资产阶级才肯雇佣他们。在这种情况下,工人和货物其实是一样的,他们也成了商品,能不能卖出去、

第三章 一起来读《共产党宣言》

争的一切变化、市场的一切波动的影响。

由于推广机器和分工,无产者的劳动已经失去了任何独立的性质,因而对工人也失去了任何吸引力。工人变成了机器的单纯的附属品,要求他做的只是极其简单、极其单调和极容易学会的操作。因此,花在工人身上的费用,几乎只限于维持工人生活和延续工人后代所必需的生活资料。但是,商品的价格,从而劳动的价格,是同它的生产费用相等的。因此,劳动越使人感到厌恶,工资也就越减少。不仅如此,机器越推广,分工越细致,劳动量也就越增加,这或者是由于工作时

能卖多少钱都受到市场和竞争的影响。

▶ 随着机器和分工的推广,工人的地位也发生了变化。原来机器是人的辅助,现在人成了机器的附庸;原来是以工人和他们的劳动为中心,现在则是以机器为中心。过去,工人从事的劳动需要长时间的技能训练;而如今机器大工业时代,工人的工作技能极其简单易学。从资本家的角度来看,工厂里少了工人可以替换,但机器坏了只能停工,为了追求利润最大化,资本家花费在工人身上的钱越来越少,几乎仅够支付维持工人自身生存和延续后代所必需的生活资料。但是,商品的价格取决于它的生产费用,由于工人的劳动变得越来越单调、令人厌

间的延长,或者是由于在一定时间内所要求的劳动的增加,机器运转的加速,等等。

现代工业已经把家长式的师傅的小作坊变成了工业资本家的大工厂。挤在工厂里的工人群众就像士兵一样被组织起来。他们是产业军的普通士兵,受着各级军士和军官的层层监视。他们不仅仅是资产阶级的、资产阶级国家的奴隶,他们每日每时都受机器、受监工、首先是受各个经营工厂的资产者本人的奴役。这种专制制度越是

恶,劳动的价值在资本家眼中被进一步贬低,他们更倾向于支付尽可能低的工资。不仅如此,机器越推广,分工越细致,工人的劳动量也就越增加,这是由于工作时间延长,或者劳动强度增加和机器效能提升,等等。

▷ 奴隶、奴役、专制制度,这些词汇本来在封建社会就已经被消灭,如今却在资本主义社会中以新的形式重新出现。在大工厂取代了小作坊之后,工人就像被军官监视和组织起来的士兵,给资产阶级和资产阶级国家当牛做马,每时每刻受着机器的奴役、监工的奴役,当然首先要受到资本家的奴役。当营利逐步成为资产阶级公开的追求,这种专制制度也就越来越令人感到可鄙、可恨和可恶。

公开地把营利宣布为自己的最终目的,它就越是可鄙、可恨和可恶。

手的操作所要求的技巧和气力越少,换句话说,现代工业越发达,男工也就越受到女工和童工的排挤。对工人阶级来说,性别和年龄的差别再没有什么社会意义了。他们都只是劳动工具,不过因为年龄和性别的不同而需要不同的费用罢了。

▶ 工人不仅要和机器抢饭碗,还有"内卷"的问题。机器大工业的出现,使得原本需要男性才能从事的工作,现在靠女工和童工就可以了。而且女工和童工比男工成本更低、花费更少,因此更易被资产阶级雇佣。对资产阶级来说,男女老少都是劳动工具,没有社会意义的不同,要说有不同,也只是所需要的费用不同罢了。

当厂主对工人的剥削告一段落,工人领到了用现钱支付的工资的时候,马上就有资产阶级中的另一部分人——房东、小店

▶ 对工人虎视眈眈的不只是工厂主,工人受剥削的场景也不只是在工作领域,在生活领域也一样。一旦工人领到了工钱,资产阶级中的另一部分人——

主、当铺老板等等向他们扑来。

以前的中间等级的下层，即小工业家、小商人和小食利者，手工业者和农民——所有这些阶级都降落到无产阶级的队伍里来了，有的是因为他们的小资本不足以经营大工业，经不起较大的资本家的竞争；有的是因为他们的手艺已经被新的生产方法弄得不值钱了。无产阶级就是这样从居民的所有阶级中得到补充的。

无产阶级经历了各个不同的发展阶段。它反对

房东、小店主、当铺老板等，已经在排队等着剥削他们了，没住房的得交房租，缺东西的得买东西，钱不够的还得去当铺。

▶ 随着资本主义的发展，无产阶级的队伍在不断壮大，像小工业家、小商人和小食利者、手工业者和农民等这些中间等级的下层，慢慢都加入无产阶级的队伍里来了。因为他们那点势力和资本根本干不过大资本家，技术上也敌不过新的生产方法。

▶ 无产阶级的存在史就是它的斗争史。它自诞生起就反对

第三章 一起来读《共产党宣言》

资产阶级的斗争是和它的存在同时开始的。

资产阶级,只不过反对和斗争在不同的阶段以不同的方式出现。

最初是单个的工人,然后是某一工厂的工人,然后是某一地方的某一劳动部门的工人,同直接剥削他们的单个资产者作斗争。他们不仅仅攻击资产阶级的生产关系,而且攻击生产工具本身;他们毁坏那些来竞争的外国商品,捣毁机器,烧毁工厂,力图恢复已经失去的中世纪工人的地位。

▶ 首先是单个工人,然后是某工厂的工人们,接着是某地某个劳动部门的工人们,同直接剥削他们的资本家斗争。怎么斗争呢?他们破坏工厂、捣毁机器,毁坏那些来本国竞争的外国商品,因为他们认为导致他们贫穷的是机器、是工厂、是外国商品,他们并不知道真正剥削他们的是资产阶级、是资本主义生产方式,他们这么做的目的就是想回到过去,恢复自己在资本主义到来之前还很重要、还被重视的地位。

在这个阶段上,工人是分散在全国各地并为竞争

▶ 在这个阶段上,工人们还都是各自为战和彼此竞争的群

- 097 -

所分裂的群众。工人的大规模集结,还不是他们自己联合的结果,而是资产阶级联合的结果,当时资产阶级为了达到自己的政治目的必须而且暂时还能够把整个无产阶级发动起来。因此,在这个阶段上,无产者不是同自己的敌人作斗争,而是同自己的敌人的敌人作斗争,即同专制君主制的残余、地主、非工业资产者和小资产者作斗争。因此,整个历史运动都集中在资产阶级手里;在这种条件下取得的每一个胜利都是资产阶级的胜利。

但是,随着工业的发展,无产阶级不仅人数增加了,而且结合成更大的集众。他们后来确实联合起来了,但不是因为自己想联合,而是因为资产阶级想联合。当时资产阶级无法凭一己之力对抗封建专制,因此就需要联合无产阶级的力量来对付自己的敌人,比如专制君主制的残余、地主、非工业资产者和小资产者。所以,在这种情况下,资产阶级是导演,革命运动都是资产阶级领导的革命运动,斗争取得的胜利也都是资产阶级的胜利。

▶ 工业在发展,社会矛盾在激化,工人阶级队伍在壮大,无产阶级斗争进入一个新的阶体，它的力量日益增长，而且它越来越感觉到自己的力量。机器使劳动的差别越来越小，使工资几乎到处都降到同样低的水平，因而无产阶级内部的利益、生活状况也越来越趋于一致。资产者彼此间日益加剧的竞争以及由此引起的商业危机，使工人的工资越来越不稳定；机器的日益迅速的和继续不断的改良，使工人的整个生活地位越来越没有保障；单个工人和单个资产者之间的冲突越来越具有两个阶级的冲突的性质。工人开始成立反对资产者的同盟；他们联合起来保卫自己的工资。他们甚至建立了经常性的团体，以便为可能发生的反抗

段。无产阶级的人数增多了，力量变强了，自己也逐步觉醒了。机器的广泛使用、资本家进行控制成本的竞争以及由此引发的经济危机，让工人的工资越来越低，他们的生活变得越来越没有保障。在这种情况下，工人个体对资产者个体的不满，向着群体对群体的不满发展，最终发展为阶级对阶级的不满，从而引发资产阶级和无产阶级之间的阶级斗争。这样，工人之间的同盟就应运而生了，他们联合起来保卫自己的工资，进而建立团体，储备斗争所需的食品。甚至在一些地方，偶尔的斗争会爆发为大规模的起义。

准备食品。有些地方,斗争爆发为起义。

工人有时也得到胜利,但这种胜利只是暂时的。他们斗争的真正成果并不是直接取得的成功,而是工人的越来越扩大的联合。这种联合由于大工业所造成的日益发达的交通工具而得到发展,这种交通工具把各地的工人彼此联系起来。只要有了这种联系,就能把许多性质相同的地方性的斗争汇合成全国性的斗争,汇合成阶级斗争。而一切阶级斗争都是政治斗争。中世纪的市民靠乡间小道需要几百年才能达到的联合,现代的无产者利用铁路只要几年就可以达到了。

▶ 工人的斗争有失败也有胜利,但这种胜利还不稳固、不持久,只是表面的成果。如果要说真正的成果,那应该是越来越多的工人走向联合。说到这种联合,还得感谢大工业带来的日益发达的交通工具。交通的便利让许多性质相同的地方性的斗争汇合成全国性的斗争,进而上升为阶级斗争。比如中世纪的欧洲,交通不便、信息闭塞,市民们要达成联合需要极为漫长的时间。

第三章 一起来读《共产党宣言》

无产者组织成为阶级,从而组织成为政党这件事,不断地由于工人的自相竞争而受到破坏。但是,这种组织总是重新产生,并且一次比一次更强大、更坚固、更有力。它利用资产阶级内部的分裂,迫使他们用法律形式承认工人的个别利益。英国的十小时工作日法案就是一个例子。

> 当然,无产者组织成为阶级,从而组织成为无产阶级政党,并不是一蹴而就的。毕竟,统一思想、统一行动并不容易,过程中还有工人之间自相竞争带来的破坏。但是,没人可以打败历史的趋势,这种组织会继续产生,而且力量也会越来越强大。无产阶级政党可以利用资产阶级内部各利益集团的分裂,争取自己的利益,并且以法律的形式固定下来。英国的十小时工作日法案就是一个例子。

旧社会内部的所有冲突在许多方面都促进了无产阶级的发展。资产阶级处于不断的斗争中:最初反对贵族;后来反对同工业进步有利害冲突的那部分资

> 无产阶级能够发展壮大,离不开旧社会内部那些冲突的锻炼和推动。我们可以从三个方面来理解和寻找答案。首先,资产阶级一直需要借助无产阶级的力量。比如反对封建贵族

产阶级;经常反对一切外国的资产阶级。在这一切斗争中,资产阶级都不得不向无产阶级呼吁,要求无产阶级援助,这样就把无产阶级卷进了政治运动。于是,资产阶级自己就把自己的教育因素即反对自身的武器给予了无产阶级。

其次,我们已经看到,工业的进步把统治阶级的整批成员抛到无产阶级队伍里去,或者至少也使他们的生活条件受到威胁。他们也给无产阶级带来了大量的教育因素。

需要无产阶级,反对资产阶级的保守派需要无产阶级,反对外国资产阶级也需要无产阶级。在这一切斗争的过程中,资产阶级都需要向无产阶级呼吁和求援,这样就把无产阶级卷进了政治运动,也同时把反对自己的教育因素带给了无产阶级,比如人权、自由、平等、民主等思想,无形中为无产阶级提供了精神武器。

▶ 其次,无产阶级队伍得到了壮大和提升。原来的统治阶级比如小资产阶级、小手工业者等,现在也被抛到无产阶级队伍中来了,或者至少使他们的生活条件受到了威胁。同时,这些人往往有见识、有水平、有底蕴,也给无产阶级带来了教育因素。

最后，在阶级斗争接近决战的时期，统治阶级内部的、整个旧社会内部的瓦解过程，就达到非常强烈、非常尖锐的程度，甚至使得统治阶级中的一小部分人脱离统治阶级而归附于革命的阶级，即掌握着未来的阶级。所以，正像过去贵族中有一部分人转到资产阶级方面一样，现在资产阶级中也有一部分人，特别是已经提高到能从理论上认识整个历史运动的一部分资产阶级思想家，转到无产阶级方面来了。

在当前同资产阶级对立的一切阶级中，只有无产阶级是真正革命的阶级。其余的阶级都随着大工业的发展而日趋没落和灭亡，

▶ 最后，在阶级斗争接近决战的时期，统治阶级内部的瓦解分化变得非常强烈和尖锐，甚至会有一部分人的立场发生转变，投入革命阵营中，变成革命的阶级。这种情况过去也出现过，在资产阶级与封建主阶级的斗争过程中，就有一部分封建贵族转入资产阶级的革命队伍中。在无产阶级与资产阶级的斗争中，也会有一些具有先进思想的资产阶级思想家，转入无产阶级的队伍中。

▶ 同资产阶级对立的阶级不仅有无产阶级，还有小资产阶级等。但是，其余的阶级都会在革命的洪流中消亡，只有无产阶级才能顺应历史发展成为革

无产阶级却是大工业本身的产物。

中间等级,即小工业家、小商人、手工业者、农民,他们同资产阶级作斗争,都是为了维护他们这种中间等级的生存,以免于灭亡。所以,他们不是革命的,而是保守的。不仅如此,他们甚至是反动的,因为他们力图使历史的车轮倒转。如果说他们是革命的,那是鉴于他们行将转入无产阶级的队伍,这样,他们就不是维护他们目前的利益,而是维护他们将来的利益,他们就离开自己原来的立场,而站到无产阶级的立场上来。

命的主体,因为它本身就是大工业的产物,且遭受着资产阶级的残酷剥削,这样的地位决定了它的革命性。

▶ 中间等级这个群体,即小工业家、小商人、手工业者、农民,也会参与斗争,但是他们参与斗争的理由和出发点与无产阶级不一样。他们是为了努力维持现状,保住自己现有的社会地位。但历史的车轮滚滚向前,他们其实无能为力。如果说他们也有革命性,那是因为他们即将转入无产阶级队伍中,为了自己将来的利益而离开自己原来的立场,站到无产阶级的立场上来。

第三章 一起来读《共产党宣言》

流氓无产阶级是旧社会最下层中消极的腐化的部分,他们在一些地方也被无产阶级革命卷到运动里来,但是,由于他们的整个生活状况,他们更甘心于被人收买,去干反动的勾当。

> 流氓无产阶级指那些破产的农民和失业的手工业者,他们没有生产资料,所以也属于无产阶级,但是与真正的无产阶级不同,他们依靠偷盗、诈骗等不正当方式而生活。因此,他们虽然也有可能成为革命力量,但并不可靠,而且很容易被收买,从而叛变,去干反动的勾当。

在无产阶级的生活条件中,旧社会的生活条件已经被消灭了。无产者是没有财产的;他们和妻子儿女的关系同资产阶级的家庭关系再没有任何共同之处了;现代的工业劳动,现代的资本压迫,无论在英国或法国,无论在美国或德国,都是一样的,都使无产者失

> 我们来看看无产阶级的生活状况。和资产阶级不一样,无产阶级除了自己的劳动力以外,一无所有,家庭关系也与资产阶级毫无共同之处。而且,无产者在哪个国家的情况都差不多,不管是英国、法国、美国还是德国,全世界的无产者都是一样的窘迫,因而他们能够超越民族性而走到一起。资产阶

去了任何民族性。法律、道德、宗教在他们看来全都是资产阶级偏见，隐藏在这些偏见后面的全都是资产阶级利益。

过去一切阶级在争得统治之后，总是使整个社会服从于它们发财致富的条件，企图以此来巩固它们已经获得的生活地位。无产者只有废除自己的现存的占有方式，从而废除全部现存的占有方式，才能取得社会生产力。无产者没有什么自己的东西必须加以保护，他们必须摧毁至今保护和保障私有财产的一切。

过去的一切运动都是少数人的，或者为少数人谋

级所宣扬的那些法律、道德、宗教等，在无产者看来，不过是资产阶级的面具，本质上都是为了维护资产阶级的利益。

▶ 无产阶级革命与过去的革命有什么区别？区别就在于，以往革命的阶级在取得革命胜利以后，都会用一种剥削制度来取代另一种剥削制度，从而巩固自己的统治，保护自己的生活地位。无产阶级没有自己的私有财产需要保护，也就敢于消灭一切私有财产，并消灭保护私有财产的一切制度。

▶ 过去的社会运动主要是由少数人发起的，为了维护或谋

利益的运动。无产阶级的运动是绝大多数人的,为绝大多数人谋利益的独立的运动。无产阶级,现今社会的最下层,如果不炸毁构成官方社会的整个上层,就不能抬起头来,挺起胸来。

求少数人的利益,而无产阶级运动是由广大无产阶级和劳动人民发起的,为了维护或谋求绝大多数人的利益,并且不受任何特权阶层的控制。无产阶级必须炸毁旧社会的整个上层建筑,砸烂资产阶级的国家机器,重新建立自己崭新的国家,才能挺起胸膛登上历史舞台,获得彻底解放。

如果不就内容而就形式来说,无产阶级反对资产阶级的斗争首先是一国范围内的斗争。每一个国家的无产阶级当然首先应该打倒本国的资产阶级。

▶ 从内容上来说,全世界的无产阶级革命本质相同、目标一致。但从形式上来说,无产阶级革命首先应该从一个国家的内部开始,先由本国的无产阶级打倒本国的资产阶级。

在叙述无产阶级发展的最一般的阶段的时候,我们循序探讨了现存社会内

▶ 无产阶级的革命不是一蹴而就的,而是具有阶段性的,从最初的觉醒,到逐渐明确目标,

部或多或少隐蔽着的国内战争,直到这个战争爆发为公开的革命,无产阶级用暴力推翻资产阶级而建立自己的统治。

我们已经看到,至今的一切社会都是建立在压迫阶级和被压迫阶级的对立之上的。但是,为了有可能压迫一个阶级,就必须保证这个阶级至少有能够勉强维持它的奴隶般的生存的条件。农奴曾经在农奴制度下挣扎到公社成员的地位,小资产者曾经在封建专制制度的束缚下挣扎到资

再到采取革命行动,循序渐进、不断发展。我们探讨的无产阶级革命主要是国内斗争,比如罢工、游行抗议等,在初期还不尖锐,但随着时间的推移,矛盾逐渐激化、斗争逐渐激烈,直到发展为公开的联合革命,无产阶级通过进行这些革命推翻资产阶级,登上历史舞台。

▷ 到这里,我们可以梳理一下,除了原始社会,至今的一切社会都有剥削和阶级对立,从奴隶社会到封建社会都是如此。而这些社会能够维持和延续,需要一定的前提,即在这个社会中被剥削者能够维持生存,能够保住自己的社会地位。简言之,统治者自己要活,也要让被剥削者活,不然统治者去剥削谁?然而,如今的资产阶

产者的地位。现代的工人却相反,他们并不是随着工业的进步而上升,而是越来越降到本阶级的生存条件以下。工人变成赤贫者,贫困比人口和财富增长得还要快。由此可以明显地看出,资产阶级再不能做社会的统治阶级了,再不能把自己阶级的生存条件当做支配一切的规律强加于社会了。资产阶级不能统治下去了,因为它甚至不能保证自己的奴隶维持奴隶的生活,因为它不得不让自己的奴隶落到不能养活它反而要它来养活的地步。社会再不能在它统治下生存下去了,就是说,它的生存不再同社会相容了。

级社会不是这样,财富在积累,但贫困积累得更快了,工人阶级已经过不下去了,不只是越来越贫穷,而是连最基本的生存都无法保证了。资产阶级没有可供自己剥削的阶级对象,便失去了赖以生存的阶级基础,如此一来,整个社会都无法维系了。

资产阶级生存和统治的根本条件，是财富在私人手里的积累，是资本的形成和增殖；资本的条件是雇佣劳动。雇佣劳动完全是建立在工人的自相竞争之上的。资产阶级无意中造成而又无力抵抗的工业进步，使工人通过结社而达到的革命联合代替了他们由于竞争而造成的分散状态。于是，随着大工业的发展，资产阶级赖以生产和占有产品的基础本身也就从它的脚下被挖掉了。它首先生产的是它自身的掘墓人。资产阶级的灭亡和无产阶级的胜利是同样不可避免的。

> 资产阶级的生存和统治，靠的是生产资料的私人占有，靠的是资本的形成和增殖；而资本增殖靠的是雇佣劳动，雇佣劳动的基础又是工人之间的自相竞争。现在问题出现了。雇佣工人本来是自相竞争的，但随着资本主义大工业的发展，这些工人越来越贫穷，命运越来越悲惨，地位越来越一致，力量也就越来越凝聚。于是，工人之间的竞争在消失，而联合在增长，他们走到了一起，共同反抗资产阶级的统治。因此，随着资本主义的发展，资产阶级本身开始摧毁自己的生存基础，并首先生产自己的掘墓人，即无产阶级。无产阶级走向舞台中心，资本主义的灭亡也就成了不可逆转的历史趋势。这就是我们熟悉的"两个必然"之一：资本主义必然灭亡。

二、共读"无产者和共产党人"

原　文

共产党人同全体无产者的关系是怎样的呢？

共产党人不是同其他工人政党相对立的特殊政党。

他们没有任何同整个无产阶级的利益不同的利益。

他们不提出任何特殊的原则，用以塑造无产阶级的运动。

共产党人同其他无产阶级政党不同的地方只是：一方面，在无产者不同的民族的斗争中，共产党人强调

解　读

▶ 说完阶级说政党。每个阶级都有自己的代言人，共产党就是代表无产阶级的政党。共产党和其他工人政党有着一致的方向，不仅立场相同、利益相同，革命运动的原则也相同。

▶ 共产党人与其他无产阶级政党也有区别：一方面，他们超越了民族的局限，为全人类的解放而奋斗；另一方面，在革命

和坚持整个无产阶级共同的不分民族的利益;另一方面,在无产阶级和资产阶级的斗争所经历的各个发展阶段上,共产党人始终代表整个运动的利益。

因此,在实践方面,共产党人是各国工人政党中最坚决的、始终起推动作用的部分;在理论方面,他们胜过其余无产阶级群众的地方在于他们了解无产阶级运动的条件、进程和一般结果。

共产党人的最近目的是和其他一切无产阶级政党的最近目的一样的:使无产阶级形成为阶级,推翻资产阶级的统治,由无产阶级夺取政权。

发展的不同阶段,共产党人始终代表着整个运动的利益。

总结一下:在实践上,共产党人比其他工人政党更坚决、革命性更强;在理论上,共产党人比无产阶级群众更清醒、认识更先进。

▷ 革命有近期目标和长远目标。共产党人的近期目标和其他无产阶级政党是一样的,就是让无产阶级发展壮大,打败资产阶级,夺取政权。

第三章 一起来读《共产党宣言》

共产党人的理论原理，决不是以这个或那个世界改革家所发明或发现的思想、原则为根据的。

这些原理不过是现存的阶级斗争、我们眼前的历史运动的真实关系的一般表述。废除先前存在的所有制关系，并不是共产主义所独具的特征。

一切所有制关系都经历了经常的历史更替、经常的历史变更。

例如，法国革命废除了封建的所有制，代之以资产阶级的所有制。

共产主义的特征并不是要废除一般的所有制，而是要废除资产阶级的所

> 共产党人有自己的理论和方向，这并非来自想象，而是来自现实；不是某些世界改革家所发明或发现的，而是从现实的革命斗争中总结出来的，是对历史运动进行的规律性概括。

一切所有制关系都在更替、都在变更。比如，封建社会要废除奴隶社会的所有制关系，资本主义社会要废除封建社会的所有制关系，共产主义社会则要废除资本主义社会的所有制关系。一直都是如此。

法国革命就是一个例子，用资产阶级的所有制替代了封建的所有制。

> 所有制不止一种，共产主义目标明确，不是要废除一般意义上的所有制，而是要废除

有制。

但是,现代的资产阶级私有制是建立在阶级对立上面、建立在一些人对另一些人的剥削上面的产品生产和占有的最后而又最完备的表现。

从这个意义上说,共产党人可以把自己的理论概括为一句话:消灭私有制。

有人责备我们共产党人,说我们要消灭个人挣得的、自己劳动得来的财产,要消灭构成个人的一切自由、活动和独立的基础的财产。

资产阶级的所有制。

不过,现代的资产阶级私有制跟以往不同,它建立在阶级对立之上、建立在一些人对另一些人的剥削之上,是私有制发展的极致象征和最后表现。

既然资产阶级所有制是私有制的谢幕演出,那共产党人的理论也就可以用一句话来概括:消灭私有制。

▶ 批评的声音出现了。有人歪曲共产党人,企图将"消灭私有制"与"消灭个人财产"进行混淆,说共产党人要把那些别人辛苦劳动挣来的财产消灭掉,要把那些能让别人获得自由、活动和独立的私有财产给消灭掉。

好一个劳动得来的、自己挣得的、自己赚来的财产！你们说的是资产阶级财产出现以前的那种小资产阶级的、小农的财产吗？那种财产用不着我们去消灭，工业的发展已经把它消灭了，而且每天都在消灭它。

或者，你们说的是现代的资产阶级的私有财产吧？

但是，难道雇佣劳动、无产者的劳动，会给无产者创造出财产来吗？没有的事。这种劳动所创造的是资本，即剥削雇佣劳动的财产，只有在不断产生出新的雇佣劳动来重新加以剥削的条件下才能增殖的财产。现今的这种财产是在资本

> 欲加之罪，何患无辞！说得冠冕堂皇。不妨多问一句，这里所谓财产是之前那种小资产阶级、小农的财产吗？如果是，那用不着共产党人消灭，因为那种财产已经被资本主义大工业给消灭了，而且还在不断地被消灭。

> 所以这里说的，应该是现代资产阶级的私有财产吧？

> 问题是，这种所谓财产跟无产者有关系吗？无产者的劳动能让自己拥有财产吗？没有的事。他们的劳动所创造的财产，被资产阶级无偿占有，而且还拿来继续用于对雇佣工人的剥削，然后实现资本的增殖。所以，今天的这种财产积累离不开两个东西，一个是资本，一个

和雇佣劳动的对立中运动的。让我们来看看这种对立的两个方面吧。

是雇佣劳动。这两个方面我们分别来看。

做一个资本家，这就是说，他在生产中不仅占有一种纯粹个人的地位，而且占有一种社会的地位。资本是集体的产物，它只有通过社会许多成员的共同活动，而且归根到底只有通过社会全体成员的共同活动，才能运动起来。

因此，资本不是一种个人力量，而是一种社会力量。

因此，把资本变为公共的、属于社会全体成员的财产，这并不是把个人财产变为社会财产。这里所改变的只是财产的社会性质。它将失掉它的阶级性质。

> 先说资本。我们要看到，资本家不仅是自然人，而且是组织者；他们不是一个人，而是统治社会的阶级，拥有社会地位。同样，资本也不是个人的产物，是社会各个成员共同活动的结果，是集体的产物，不是一种个人力量，而是一种社会力量。

既然资本是一种社会力量，那么我们所说的"消灭私有制"，也不过是把社会创造的财产物归原主，而不是单独属于哪一个阶级。这里改变的是财产的阶级性。

第三章 一起来读《共产党宣言》

现在,我们来看看雇佣劳动。

雇佣劳动的平均价格是最低限度的工资,即工人为维持其工人的生活所必需的生活资料的数额。因此,雇佣工人靠自己的劳动所占有的东西,只够勉强维持他的生命的再生产。我们决不打算消灭这种供直接生命再生产用的劳动产品的个人占有,这种占有并不会留下任何剩余的东西使人们有可能支配别人的劳动。我们要消灭的只是这种占有的可怜的性质,在这种占有下,工人仅仅为增殖资本而活着,只有在统治阶级的利益需要他活着的时候才能活着。

> 说完了资本,我们再说雇佣劳动。

工人所拿到的工资并不是他们的全部劳动所得。工人的劳动所得分为两个部分,一部分作为工资发给了工人,还有一部分放进了资本家自己的口袋。因此,工人的工资只是他们劳动力价值的一部分,共产党人并不打算消灭这个部分,因为这一部分只够让工人勉强活下去,不可能产生什么剩余的东西,也不会让剥削发生。所以,共产党人要消灭的不是这种个人财产,而是这种个人财产背后不公平的制度,即资本家与工人之间的不平等的关系。这种关系的存在只是为了资本增殖,在这种关系下,工人连自己的生命都无法支配,他们能不能活着,并不取决于自己想不想,在资产阶级社会里,活的劳动只是增殖已经积累起来的劳动的一种手段。在共产主义社会里,已经积累起来的劳动只是扩大、丰富和提高工人的生活的一种手段。

因此,在资产阶级社会里是过去支配现在,在共产主义社会里是现在支配过去。在资产阶级社会里,资本具有独立性和个性,而活动着的个人却没有独立性和个性。

而是看资本家需不需要,看他们能否给资本家带来资本增殖。

▶ 资产阶级社会和共产主义社会的劳动是不一样的。在资产阶级社会里,工人越劳动就越贫困,劳动只是为了让资本增殖,替资本家赚钱;在共产主义社会里,工人越劳动越幸福,劳动是为了让自己的生活变好,为了自己的发展。

所以,在资产阶级社会里,是过去支配现在,过去积累起来的资本是为了奴役现在的工人;在共产主义社会里,是现在支配过去,现在的工人可以享受过去劳动积累起来的社会财富,提高自己的生活质量。在资产阶级社会里,资本和工人成了对手,资本有独立性与个性,但活动着的工人什么都没有。

第三章 一起来读《共产党宣言》

而资产阶级却把消灭这种关系说成是消灭个性和自由!说对了。的确,正是要消灭资产者的个性、独立性和自由。

> 对这种畸形的关系,资产阶级不同意消灭,他们狡辩说消灭这种关系就是消灭个性和自由。说对了,共产党人就是要消灭这种专属于资产阶级的个性、独立性和自由!

在现今的资产阶级生产关系的范围内,所谓自由就是自由贸易、自由买卖。

> 在现在的背景下谈自由,能是什么自由呢?不过是贸易的自由、买卖的自由,这是资产者的自由,却是无产者的枷锁。

但是,买卖一消失,自由买卖也就会消失。关于自由买卖的言论,也像我们的资产者的其他一切关于自由的大话一样,仅仅对于不自由的买卖来说,对于中世纪被奴役的市民来说,才是有意义的,而对于共产主义要消灭买卖、消灭资产阶

> 皮之不存,毛将焉附?共产主义社会连买卖都消失了,自由买卖当然也就不存在了。资产阶级的那些关于自由买卖的言论,就只能是空话了。对于中世纪那种专制和人身束缚来说,这种所谓自由当然是有意义的,也是进步的;但是,对于共产主义来说,这种所谓自由是要

级生产关系和资产阶级本身这一点来说，却是毫无意义的。

我们要消灭私有制，你们就惊慌起来。但是，在你们的现存社会里，私有财产对十分之九的成员来说已经被消灭了；这种私有制之所以存在，正是因为私有财产对十分之九的成员来说已经不存在。可见，你们责备我们，是说我们要消灭那种以社会上的绝大多数人没有财产为必要条件的所有制。

总而言之，你们责备我们，是说我们要消灭你们的那种所有制。的确，我们是要这样做的。

被消灭的，也是没有意义的。简单来说，资产阶级标榜的这种自由有历史性和阶级性，不会一成不变，也不会永远存在。

▶ 资产阶级惊慌和害怕，可以理解，因为共产主义要消灭私有制。但是，请看清楚一个现实，现在的私有制存在的基础，是绝大多数人没有私有财产，是以牺牲绝大多数劳动者的私有财产为前提的。现在，共产主义要消灭这种少部分人无偿占有绝大部分人的财产的所有制，资产阶级就来责备共产党人。也对，共产主义就是要这么干。

第三章 一起来读《共产党宣言》

从劳动不再能变为资本、货币、地租,一句话,不再能变为可以垄断的社会力量的时候起,就是说,从个人财产不再能变为资产阶级财产的时候起,你们说,个性被消灭了。

由此可见,你们是承认,你们所理解的个性,不外是资产者、资产阶级私有者。这样的个性确实应当被消灭。

共产主义并不剥夺任何人占有社会产品的权力,它只剥夺利用这种占有去奴役他人劳动的权力。

▶ 资产阶级说,个性被消灭了。那个性是从什么时候开始被消灭的?从劳动不再能变为他们的资本、货币、地租的时候,也就是从他们不能再把别人的个人财产占为己有的时候。所以,他们其实变相在承认,自己所理解的个性,是资产阶级的个性,是资产阶级独占社会财富的个性,是资产阶级占有无产阶级财产的个性。这样的个性确实应当被消灭。

▶ 共产主义主张消灭私有制,但绝不剥夺每个人能够根据自己的需要拥有劳动产品的权力。任何人都有权力以合法的方式占有社会产品,但是谁都没有权力利用这种占有去奴役别人。

有人反驳说,私有制一消灭,一切活动就会停止,懒惰之风就会兴起。

这样说来,资产阶级社会早就应该因懒惰而灭亡了,因为在这个社会里劳者不获,获者不劳。所有这些顾虑,都可以归结为这样一个同义反复:一旦没有资本,也就不再有雇佣劳动了。

所有这些对共产主义的物质产品的占有方式和生产方式的责备,也被扩展到精神产品的占有和生产方面。正如阶级的所有制的终止在资产者看来是生产本身的终止一样,阶级的

> 还有其他批评的声音。比如,有人说,私有制一消灭,一切活动就会停止,懒惰之风就会兴起。

照这个说法,资产阶级社会早该灭亡了,因为这个社会正是如此:资产阶级什么都不干,却什么都有;劳动者什么都干,却一无所有。其实,资产阶级翻来覆去说半天,担忧的就是一个事儿:没有了资本,就没有了雇佣劳动,自己就不能不劳而获了。

> 同样的责备,除了涉及物质生产,也扩展到了精神产品。在资产阶级看来,如果私有制结束了,生产本身就会结束;同样,如果资产阶级教育终止了,那么一切教育就会终止。

实际上,资产阶级害怕失

教育的终止在他们看来就等于一切教育的终止。

资产者唯恐失去的那种教育,对绝大多数人来说是把人训练成机器。

但是,你们既然用你们资产阶级关于自由、教育、法等等的观念来衡量废除资产阶级所有制的主张,那就请你们不要同我们争论了。你们的观念本身是资产阶级的生产关系和所有制关系的产物,正像你们的法不过是被奉为法律的你们这个阶级的意志一样,而这种意志的内容是由你们这个阶级的物质生活条件来决定的。

去的那种教育,只是资产阶级的教育,是为了把人训练成机器,成为资本增殖的工具。

▷ 处于什么样的立场,就会有什么样的观念。资产阶级是站在自己的立场来评判共产党人的主张的。所以,如果用资产阶级的观念来评价共产主义的主张,那就不用争论了,因为双方立场不一样。资产阶级所谓自由、教育、法律等观念,只是自己利益的体现和阶级意志的体现,是由资产阶级的物质生活条件来决定的。

你们的利己观念使你们把自己的生产关系和所有制关系从历史的、在生产过程中是暂时的关系变成永恒的自然规律和理性规律,这种利己观念是你们和一切灭亡了的统治阶级所共有的。谈到古代所有制的时候你们所能理解的,谈到封建所有制的时候你们所能理解的,一谈到资产阶级所有制你们就再也不能理解了。

▷ 资产阶级的问题就在于,他们只从自己的利益出发去谈论问题。资本主义的生产关系只是阶段性存在的,但他们把这种暂时的关系说成是永恒的规律,在这一点上,他们和过去的那些统治阶级其实是一样的。只不过,谈到古代所有制的时候他们很明白,谈到封建所有制的时候他们也很明白,但一谈到资产阶级所有制他们就不理解了,这很明显是揣着明白装糊涂。

消灭家庭!连极端的激进派也对共产党人的这种可耻的意图表示愤慨。

现代的、资产阶级的家庭是建立在什么基础上的呢?是建立在资本上面,建立在私人发财上面的。这

▷ 消灭家庭!共产党人的这一提法让资产阶级反应强烈,无比愤慨。

那就来聊聊家庭。资产阶级的家庭是建立在什么基础上的呢?是建立在资本之上、建立在私人发财之上的。这种家

种家庭只是在资产阶级那里才以充分发展的形式存在着,而无产者的被迫独居和公开的卖淫则是它的补充。

资产者的家庭自然会随着它的这种补充的消失而消失,两者都要随着资本的消失而消失。

你们是责备我们要消灭父母对子女的剥削吗?我们承认这种罪状。

但是,你们说,我们用社会教育代替家庭教育,就是要消灭人们最亲密的关系。

而你们的教育不也是由社会决定的吗?不也是由你们进行教育时所处的

庭只有在资产阶级那里,才能得到充分体现和充分发展。而无产者一无所有,没有能力建立家庭,只能过着各种屈辱的生活。

当然,两种家庭关系都是暂时的,都会随着资本的消失而消失。无产者的悲惨境遇消失之时,也正是资产者的家庭关系消灭之时。

▶ 资产阶级批评共产主义要消灭父母对子女的剥削,这个罪状共产党人认了。

但是,资产阶级说,共产主义用社会教育代替家庭教育,就是要消灭人们之间最亲密的关系。

那倒是奇了怪了,难道资产阶级不是这么干的吗?他们的教育不也是由社会决定的那种社会关系决定的吗？不也是由社会通过学校等等进行的直接的或间接的干涉决定的吗？共产党人并没有发明社会对教育的作用；他们仅仅是要改变这种作用的性质，要使教育摆脱统治阶级的影响。

无产者的一切家庭联系越是由于大工业的发展而被破坏，他们的子女越是由于这种发展而被变成单纯的商品和劳动工具，资产阶级关于家庭和教育、关于父母和子女的亲密关系的空话就越是令人作呕。

吗？不也是由社会关系决定的吗？不也是由社会通过学校等等进行的干涉决定的吗？社会教育不是共产党人的发明，它从来都不是家庭的私事，而是与社会发展需要息息相关的。如果说共产党人有什么不同，也只是他们要改变教育的阶级属性，使教育摆脱统治阶级的影响。

▶ 资本主义大工业越是发展，无产者的家庭联系越是被破坏，他们的子女越是因为贫穷而沦为单纯的商品和劳动工具，资产阶级鼓吹和维护父母和子女亲密关系的话听起来就越虚伪，令人作呕。因为这种所谓亲密关系只属于资产阶级，跟无产阶级毫不相干。

第三章 一起来读《共产党宣言》

但是,你们共产党人是要实行公妻制的啊。整个资产阶级异口同声地向我们这样叫喊。

资产者是把自己的妻子看做单纯的生产工具的。他们听说生产工具将要公共使用,自然就不能不想到妇女也会遭到同样的命运。

他们想也没有想到,问题正在于使妇女不再处于单纯生产工具的地位。

其实,我们的资产者装得道貌岸然,对所谓的共产党人的正式公妻制表示惊讶,那是再可笑不过了。公

▶ "你们这是要实行公妻制!"整个资产阶级异口同声地给共产党人扣了一个"大帽子"。

说到这个罪名,那可真是贼喊捉贼、以己度人了。资产者之所以有这种想法,就是因为他们把自己的妻子看成单纯的生产工具,当成一种可以自由买卖的劳动力,所以一听到生产工具要公共使用,就会想到妇女也会遭到同样的命运。

▶ 他们从来没有想过,正确的解决方法,应该是解放妇女,让妇女摆脱单纯生产工具的地位。

▶ 所以,资产者道貌岸然地对所谓公妻制表示莫名惊诧,真是可笑至极。公妻制还需要共产党人来实行吗?难道它不

妻制无需共产党人来实行，它差不多是一向就有的。

我们的资产者不以他们的无产者的妻子和女儿受他们支配为满足，正式的卖淫更不必说了，他们还以互相诱奸妻子为最大的享乐。

资产阶级的婚姻实际上是公妻制。人们至多只能责备共产党人，说他们想用正式的、公开的公妻制来代替伪善地掩蔽着的公妻制。其实，不言而喻，随着现在的生产关系的消灭，从这种关系中产生的公妻制，即正式的和非正式的卖淫，也就消失了。

是一向就有的吗？

▶ 资产阶级制度下，家庭、婚姻问题很多，女性的基本人权、人格和尊严都得不到保障，无产者的妻子和女儿也受资产者的支配，更不用说卖淫现象的出现了，资产者甚至以互相诱奸妻子为最大的享乐。

▶ 从以上这些事实中，我们可以看到，资产阶级的婚姻才是真正的"公妻制"。所以，按照资产阶级的逻辑，就算是要责备共产党人，也只能是批评共产党人把事情给正式化和公开化了，而不像资产阶级一样遮遮掩掩、欲盖弥彰。事实上，如果从根本上把资产阶级生产关系消灭了、把私有制废除了，那所谓公妻制、那些正式的和非正式的卖淫,也就消失了。

有人还责备共产党人,说他们要取消祖国,取消民族。

> 还有一种批评的声音,说共产党人要取消祖国、取消民族。

工人没有祖国。决不能剥夺他们所没有的东西。因为无产阶级首先必须取得政治统治,上升为民族的阶级,把自身组织成为民族,所以它本身还是民族的,虽然完全不是资产阶级所理解的那种意思。

> 工人根本没有民族权,他们都没有祖国,又如何去剥夺?所以,工人阶级只有先推翻资产阶级的统治,建立自己的国家政权,成为统治阶级,才会有真正属于自己的民族和祖国。当然,这个跟资产阶级所理解的民族与祖国又完全不是一回事儿了。

随着资产阶级的发展,随着贸易自由的实现和世界市场的建立,随着工业生产以及与之相适应的生活

> 随着资本主义的发展,随着贸易自由的实现和世界市场的建立,随着工业生产趋于一致,生活条件变得相近,跟原来

条件的趋于一致,各国人民之间的民族分隔和对立日益消失。

无产阶级的统治将使它们更快地消失。联合的行动,至少是各文明国家的联合的行动,是无产阶级获得解放的首要条件之一。

人对人的剥削一消灭,民族对民族的剥削就会随之消灭。

民族内部的阶级对立一消失,民族之间的敌对关系就会随之消失。

相比,世界各民族之间的区别不断缩小,民族之间的对立也日益消失。

▶ 到了无产阶级统治的时候,这种民族分隔和对立会消失得更快。各个国家、各个民族无产阶级的联合行动,至少是各文明发达国家联合的行动,让无产阶级的解放成为可能。

▶ 说到底,剥削和阶级对立的根源就是生产资料的私有制。消灭了私有制,就消灭了剥削和对立的基础,人对人的剥削就没有了,民族对民族的剥削也就消灭了。同样,民族内部的阶级对立没有了,民族之间的敌对关系也就没有了。

第三章 一起来读《共产党宣言》

从宗教的、哲学的和一切意识形态的观点对共产主义提出的种种责难,都不值得详细讨论了。

人们的观念、观点和概念,一句话,人们的意识,随着人们的生活条件、人们的社会关系、人们的社会存在的改变而改变,这难道需要经过深思才能了解吗?

思想的历史除了证明精神生产随着物质生产的改造而改造,还证明了什么呢?任何一个时代的统治思想始终都不过是统治阶级的思想。

当人们谈到使整个社会革命化的思想时,他们只是表明了一个事实:在旧社会内部已经形成了新社会的因

▶ 其他从思想观念的角度提出的各种具体问题和责难都没必要详细讨论了。

总结一下,社会存在决定社会意识,社会意识随着社会存在的变化而变化。所以,资产阶级从自己的社会存在的条件出发,用自己的意识形态来批评共产主义,也就不难理解了。

思想史反复证明这一点。每个在社会生产关系中占主导地位的统治阶级,都会用符合自己利益的思想来统治社会。换句话说,所谓统治思想,不过是占统治地位的物质关系在思想上的表现。

▶ 当一个社会的思想开始发生变革的时候,只表明一个事实:新的生活条件在发展,旧的生活条件在瓦解,所以旧思想

素,旧思想的瓦解是同旧生活条件的瓦解步调一致的。

当古代世界走向灭亡的时候,古代的各种宗教就被基督教战胜了。当基督教思想在18世纪被启蒙思想击败的时候,封建社会正在同当时革命的资产阶级进行殊死的斗争。信仰自由和宗教自由的思想,不过表明自由竞争在信仰领域里占统治地位罢了。

"但是",有人会说,"宗教的、道德的、哲学的、政治的、法的观念等等在历史发展的进程中固然是不断改变的,而宗教、道德、哲学、政治和法在这种变化中却始终保存着。

的瓦解也在所难免。

▷ 新旧思想的更替持续上演。古代的各种宗教思想被基督教思想所更替,基督教思想又被启蒙思想所更替。那思想更替背后的根源是什么呢?是社会条件的变化。因此,信仰自由和宗教自由的思想,只不过是资本主义经济自由竞争在意识形态领域里的体现。

▷ 有人说,共产主义还是有问题。你看,宗教的、道德的、哲学的、政治的、法的观念,虽然具体内容在不断改变,但是形式一直都在,内容也一直都有。

而且,有些还是"永恒真理",比如自由、正义等。现在的

第三章 一起来读《共产党宣言》

此外,还存在着一切社会状态所共有的永恒真理,如自由、正义等等。但是共产主义要废除永恒真理,它要废除宗教、道德,而不是加以革新,所以共产主义是同至今的全部历史发展相矛盾的。"

这种责难归结为什么呢?至今的一切社会的历史都是在阶级对立中运动的,而这种对立在不同的时代具有不同的形式。

但是,不管阶级对立具有什么样的形式,社会上一部分人对另一部分人的剥削却是过去各个世纪所共有的事实。因此,毫不奇怪,各个世纪的社会意识,尽管形形色色、千差万别,总是

问题是,共产主义要废除"永恒真理",要废除宗教、道德,这是不是说明共产主义与至今的全部历史发展是相矛盾的?

▷ 怎么看待这种批评呢?也不复杂,原始社会以后的全部历史本质上都一样,都是阶级斗争的历史,都是阶级对立,只是在不同的社会中形式不一样。

但不管阶级对立的形式如何,剥削与被剥削的关系一直存在,这是共有的事实。所以,那些社会意识,也许看起来千差万别,却万变不离其宗,本质都建立在阶级对立的基础之

在某些共同的形式中运动的,这些形式,这些意识形式,只有当阶级对立完全消失的时候才会完全消失。

共产主义革命就是同传统的所有制关系实行最彻底的决裂;毫不奇怪,它在自己的发展进程中要同传统的观念实行最彻底的决裂。

不过,我们还是把资产阶级对共产主义的种种责难撇开吧。

前面我们已经看到,工人革命的第一步就是使无产阶级上升为统治阶级,争得民主。

上。这种意识形态的对立和冲突,只有等到阶级对立都消失的时候,才会完全消失。

▶ 因此,共产主义革命要实现"两大决裂"的任务:一是消灭私有制,建立公有制,同传统的所有制关系实行最彻底的决裂;二是消灭以前的意识形态,确立共产主义意识形态,同传统的观念实行最彻底的决裂。

▶ 差不多了,对于资产阶级的批评先说到这里,接下来说点无产阶级的事儿。

▶ 无产阶级该怎么办呢?第一步就是建立政权,自己当家作主。

第三章 一起来读《共产党宣言》

无产阶级将利用自己的政治统治,一步一步地夺取资产阶级的全部资本,把一切生产工具集中在国家即组织成为统治阶级的无产阶级手里,并且尽可能快地增加生产力的总量。

要做到这一点,当然首先必须对所有权和资产阶级生产关系实行强制性的干涉,也就是采取这样一些措施,这些措施在经济上似乎是不够充分的和无法持续的,但是在运动进程中它们会越出本身,而且作为变革全部生产方式的手段是必不可少的。

▶ 无产阶级掌握了政权以后,就要努力做好两件事:一是夺取资产阶级的全部资本,变为国家所有,也就是废除私有制,建立公有制;二是大力发展生产力,增加生产力总量,为实现共产主义创造物质条件。

▶ 资产阶级不会自愿放弃自己的利益,更不会舍得让自己的统治地位旁落,所以为了达到目标,就得有一些非常手段、一些强制性干涉、一些必要性措施,就要在经济领域尤其是所有制等各个领域内进行一些变革,来彻底改变资本主义的生产方式。这些措施短期内可能无法解决所有问题,但是从无产阶级运动的整个过程来看,会逐步产生连锁效应,推动更广泛的社会变革,因而是必不可少的。

这些措施在不同的国家里当然会是不同的。

但是,最先进的国家几乎都可以采取下面的措施:

> 当然,各个国家不能一刀切,而应根据实际国情,从实际出发。

但是,那些高度发达的、先进的工业化国家几乎都可以采取下面的措施:

1. 剥夺地产,把地租用于国家支出。

> 第一,废除土地私有制,将土地收归国家所有,并将地租用于国家支出。

2. 征收高额累进税。

> 第二,按照累进税率征收重税,征税对象所得额越多,税率越高,缴税额越高。

3. 废除继承权。

> 第三,废除继承权,取消个人通过继承获得财富的权利,打破资产阶级通过家族财富而延续的特权地位。

4. 没收一切流亡分子和叛乱分子的财产。

> 第四,那些反对无产阶级革命、反抗无产阶级政权的流亡分子和叛乱分子,是资本主义旧社会的既得利益者,要没收他们的财产。

5. 通过拥有国家资本和独享垄断权的国家银行,把信贷集中在国家手里。

> 第五,把银行等资本掌握在自己手里,使之成为无产阶级专政国家的经济基础。

6. 把全部运输业集中在国家手里。

> 第六,把国家的交通命脉掌握在无产阶级自己手里。

7. 按照共同的计划增加国家工厂和生产工具,开垦荒地和改良土壤。

> 第七,制定计划,发展生产,增加国家工厂和生产工具,开垦荒地和改良土壤。

8. 实行普遍劳动义务制,成立产业军,特别是在农业方面。

> 第八,劳动成为每个人的社会义务,大家共同参与到集体劳动中,形成产业军队伍,特别是在农业方面。

9. 把农业和工业结合起来，促使城乡对立逐步消灭。

> 第九，通过将农业与工业相融合，农村能够享受工业发展的成果，城市也能够从农业发展中获益，逐步消灭城乡差别。

10. 对所有儿童实行公共的和免费的教育。取消现在这种形式的儿童的工厂劳动。把教育同物质生产结合起来，等等。

> 第十，对所有儿童实行公共的和免费的教育，消除资本主义的童工劳动制度，同时实行教育与生产劳动相结合的制度，等等。

当阶级差别在发展进程中已经消失而全部生产集中在联合起来的个人的手里的时候，公共权力就失去政治性质。原来意义上的政治权力，是一个阶级用以压迫另一个阶级的有组织的暴力。如果说无产阶级在反对资产阶级的斗争中一定要联合为阶级，通过

> 无产阶级要在反对资产阶级的斗争中联合起来，并且上升为统治阶级。但成为统治阶级并不是为了压迫别人，更不是想自己能够千秋万代永远当统治者，而只是借助这种资格和统治地位，来消灭资产阶级、消灭阶级对立、消灭旧的生产关系。无产阶级和资产阶级是相伴相生的，阶级存在条件没

革命使自己成为统治阶级,并以统治阶级的资格用暴力消灭旧的生产关系,那么它在消灭这种生产关系的同时,也就消灭了阶级对立的存在条件,消灭了阶级本身的存在条件,从而消灭了它自己这个阶级的统治。

代替那存在着阶级和阶级对立的资产阶级旧社会的,将是这样一个联合体,在那里,每个人的自由发展是一切人的自由发展的条件。

有了,阶级也就没有了。对手没有了,无产阶级作为统治阶级的基础也就不存在了。那时,原有的国家权力的性质将发生根本改变,政治权力也就失去了阶级性,不再是进行阶级压迫的暴力工具。

▶ 那代替资产阶级旧社会的新社会又是什么样的呢?答案是:自由人的联合体。在那里,每个人的自由发展是一切人自由发展的条件。

三、共读"社会主义的和共产主义的文献"

原　文

1. 反动的社会主义

解　读

▷ 这里的"社会主义"跟我们现在理解的"社会主义"不同。当时,"社会主义"指的是各种改良主义,他们企图维护或者恢复旧的生产关系和社会制度,所以被称为"反动的社会主义"。

（甲）封建的社会主义

▷ 封建的社会主义指向社会上残留的封建贵族。虽然当时社会已经整体上进入资本主义阶段,但是仍然残留着一些封建贵族,这些人打着反对资本主义的旗号,企图复辟倒退到封建专制社会。

第三章 一起来读《共产党宣言》

法国和英国的贵族,按照他们的历史地位所负的使命,就是写一些抨击现代资产阶级社会的作品。在法国的1830年七月革命和英国的改革运动中,他们再一次被可恨的暴发户打败了。从此就再谈不上严重的政治斗争了。他们还能进行的只是文字斗争。但是,即使在文字方面也不可能重弹复辟时期的老调了。为了激起同情,贵族们不得不装模作样,似乎他们已经不关心自身的利益,只是为了被剥削的工人阶级的利益才去写对资产阶级的控诉书。他们用来泄愤的手段是:唱唱诅咒他们的新统治者的歌,并向他叽叽咕咕地说一些或多或少凶险的预言。

> 法国和英国的贵族抨击现代资产阶级,目的是复辟封建专制。这些封建贵族在法国1830年七月革命和英国的议会改革中,被资产阶级打败,从此再无还手之力,已经无法与资产阶级抗衡,只能进行文字斗争,打打口水仗。但他们很聪明,假装站在无产阶级的立场上来反对资产阶级,似乎只是为了维护工人阶级的利益。他们宣扬资产阶级一定会灭亡,企图通过这种具有迷惑性的方式来掩盖自己的真实目的,但也只是苟延残喘罢了。

这样就产生了封建的社会主义，半是挽歌，半是谤文，半是过去的回音，半是未来的恫吓；它有时也能用辛辣、俏皮而尖刻的评论刺中资产阶级的心，但是它由于完全不能理解现代历史的进程而总是令人感到可笑。

▶ 封建的社会主义者们，他们为自己写挽歌，哀叹失去的统治地位；他们给资产阶级写谤文，批判资产阶级的统治。他们既活在对过去的留恋中，又活在对未来的恐惧中。他们批判资产阶级的统治，似乎也很尖锐，偶尔也能切中要害，但是他们批判资本主义是为了复辟封建专制，而由于不懂得资本主义社会代替封建社会是历史的必然，他们的复辟行为也只能是一场可笑的闹剧。

为了拉拢人民，贵族们把无产阶级的乞食袋当做旗帜来挥舞。但是，每当人民跟着他们走的时候，都发现他们的臀部带有旧的封建纹章，于是就哈哈大笑，一哄而散。

▶ 为了复辟封建专制，光靠自己不行，于是贵族们就拉拢人民一起干。他们将无产阶级的贫苦作为反对资产阶级的工具。但是，每当人民跟着他们走的时候，他们复辟封建主义的狐狸尾巴就露出来了。于是人民不再上当,对着他们哈哈大笑,并转身离去。

一部分法国正统派和"青年英国",都演过这出戏。

> 法国和英国的封建社会主义者都干过这种事情,蛊惑工人阶级起来革命,表面是为了工人阶级,实质上是为了自己。

封建主说,他们的剥削方式和资产阶级的剥削不同,那他们只是忘记了,他们是在完全不同的、目前已经过时的情况和条件下进行剥削的。他们说,在他们的统治下并没有出现过现代的无产阶级,那他们只是忘记了,现代的资产阶级正是他们的社会制度的必然产物。

> 这些封建主说,他们的剥削方式没有资产阶级的剥削方式那么惨无人道,而实际上,他们只是忘了自己生活在不同的时代,在之前那个已经过时的时代条件下是他们对封建农奴进行剥削和压迫的。封建主们说,在自己统治下没有出现过如此具有革命力量的无产阶级,但他们忘了,现代资产阶级的产生和发展正是封建制度自身矛盾运动的结果。

不过，他们毫不掩饰自己的批评的反动性质，他们控告资产阶级的主要罪状正是在于：在资产阶级的统治下有一个将把整个旧社会制度炸毁的阶级发展起来。

他们责备资产阶级，与其说是因为它产生了无产阶级，不如说是因为它产生了革命的无产阶级。

因此，在政治实践中，他们参与对工人阶级采取的一切暴力措施，在日常生活中，他们违背自己的那一套冠冕堂皇的言辞，屈尊拾取金苹果，不顾信义、仁爱

> 封建社会主义者的批评具有赤裸裸的反动性，他们反对资产阶级，本质上并不是反对资产阶级的统治，而是反对资产阶级社会诞生了一股强大的革命力量，也就是无产阶级，这个阶级将摧毁整个旧社会制度。

> 封建的社会主义者指责资产阶级，与其说是批评他们缔造了一个新的阶级，不如说是批评这个新的阶级太过凶猛、革命性太强。

> 因此，封建贵族说一套、做一套，虚伪和反动暴露无遗。在现实的政治领域中，他们用暴力镇压无产阶级；在现实的生活领域中，他们又丢下自己冠冕堂皇的言辞，通过资本主义

和名誉去做羊毛、甜菜和烧酒的买卖。

正如僧侣总是同封建主携手同行一样,僧侣的社会主义也总是同封建的社会主义携手同行的。

要给基督教禁欲主义涂上一层社会主义的色彩,是再容易不过了。基督教不是也激烈反对私有财产,反对婚姻,反对国家吗?它不是提倡用行善和求乞、独身和禁欲、修道和礼拜来代替这一切吗?基督教的社会主义,只不过是僧侣用来使贵族的怨愤神圣化的圣水罢了。

的生产方式经营企业、从事买卖,残酷剥削和压迫工人。

▶ 在欧洲封建社会中,僧侣是宗教势力、是特权等级,跟封建主一样。因此,僧侣的社会主义跟封建的社会主义也一样,目标都是复辟封建制度。

▶ 基督教的禁欲主义很有迷惑性。因为它本身就反对私有财产,反对婚姻、反对国家,这看起来与资产阶级的价值观不同。但是,他们反对资产阶级的目的是为了维护他们的教义,而不是为了争取一个新的社会制度。基督教的社会主义在本质上就是封建的社会主义,只不过用宗教的方式为贵族的怨愤披上了一层神圣的外衣。

（乙）小资产阶级的社会主义

> 资本主义社会里还有一个重要的群体是小资产阶级。小资产阶级也惧怕资本主义社会的发展，因为随着资本主义的发展，他们将无立足之地，沦落为工人阶级。所以，他们反对资本主义社会，批判资本主义社会制度，主张社会回到资本主义工场手工业阶段。

封建贵族并不是被资产阶级所推翻的、其生活条件在现代资产阶级社会里日益恶化和消失的唯一阶级。中世纪的城关市民和小农等级是现代资产阶级的前身。在工商业不很发达的国家里，这个阶级还在新兴的资产阶级身旁勉强生存着。

> 在现代资产阶级社会中，生活条件日益恶化的除了封建贵族，还有小资产阶级。小资产阶级是由中世纪的城关市民和小农阶级发展起来的。资本主义社会在各个国家发展不平衡，在资本主义发展比较缓慢的国家里，小资产阶级还能勉强生存。

在现代文明已经发展的国家里,形成了一个新的小资产阶级,它摇摆于无产阶级和资产阶级之间,并且作为资产阶级社会的补充部分不断地重新组成。但是,这一阶级的成员经常被竞争抛到无产阶级队伍里去,而且,随着大工业的发展,他们甚至觉察到,他们很快就会完全失去他们作为现代社会中一个独立部分的地位,在商业、工场手工业和农业中很快就会被监工和雇员所代替。

> 在现代文明已经发展的国家里,形成了一个新的小资产阶级,介于无产阶级和资产阶级之间。随着资本主义机器大工业的发展,小资产阶级的社会地位岌岌可危,经常在竞争中败下阵来,成为社会中的无产阶级。而且,他们发现,自己将很快失去立足之地,在商业、工业和农业中被监工和雇员所代替。

在农民阶级远远超过人口半数的国家,例如在法国,那些站在无产阶级方面反对资产阶级的著作家,自然是用小资产阶级和小农

> 在当时社会中有些资本主义发展相对缓慢的国家,比如法国,还是以农业生产为主体,农民阶级在社会上占大多数。这些国家的政治经济学家站在

的尺度去批判资产阶级制度的,是从小资产阶级的立场出发替工人说话的。这样就形成了小资产阶级的社会主义。西斯蒙第不仅对法国而且对英国来说都是这类著作家的首领。

这种社会主义非常透彻地分析了现代生产关系中的矛盾。它揭穿了经济学家的虚伪的粉饰。它确凿地证明了机器和分工的破坏作用、资本和地产的积聚、生产过剩、危机、小资产者和小农的必然没落、无产阶级的贫困、生产的无政府状态、财富分配的极不平均、各民族之间的毁灭性的工业战争,以及旧风尚、旧家庭关系和旧民族性的解体。

小资产阶级的立场去批判资本主义制度,为工人阶级发声,形成了小资产阶级的社会主义。西斯蒙第就是法国和英国这类政治经济学家的典型代表。

▶ 小资产阶级社会主义对现代资本主义社会制度的批判是非常深刻的。他们准确地找到了现代生产关系中的种种矛盾,精准地指出了社会中存在的各种问题,确凿地证明了机器和分工的破坏作用、资本和地产的积聚、生产过剩、危机、小资产者和小农的必然没落、无产阶级的贫困、生产的无政府状态、财富分配的极不平均、各民族之间毁灭性的工业战争,以及旧风尚、旧家庭关系和旧民族性的解体。

第三章 一起来读《共产党宣言》

但是,这种社会主义按其实际内容来说,或者是企图恢复旧的生产资料和交换手段,从而恢复旧的所有制关系和旧的社会,或者是企图重新把现代的生产资料和交换手段硬塞到已被它们突破而且必然被突破的旧的所有制关系的框子里去。它在这两种场合都是反动的,同时又是空想的。

工场手工业中的行会制度,农业中的宗法经济。这就是它的结论。

这一思潮在它以后的发展中变成了一种怯懦的悲叹。

▶ 小资产阶级看到了社会中的种种矛盾,也努力寻求解决之道。一种方法是完全倒退到旧的社会中,恢复旧社会的生产方式和所有制关系;另一种方法是用现在社会的生产方式,但是沿用旧社会的所有制关系。但不管是旧瓶装旧酒,还是旧瓶装新酒,旧瓶子本身就是问题,所以两种方法都没用,都是开历史的倒车,也都是妄想罢了。

▶ 回到工场手工业中的行会制度和农业中的宗法经济——这就是他们给出的解决方案。

这一寄希望于历史倒退的思潮只是一种怯懦的悲叹,注定无法解决社会矛盾。

（丙）德国的或"真正的"社会主义

> 主要指德国的小资产阶级哲学家格律恩、赫斯等人的思想。

法国的社会主义和共产主义的文献是在居于统治地位的资产阶级的压迫下产生的，并且是同这种统治作斗争的文字表现，这种文献被搬到德国的时候，那里的资产阶级才刚刚开始进行反对封建专制制度的斗争。

> 当时的欧洲，各个国家资本主义的发展情况不一样。法国在18世纪大革命之后已经进入资本主义社会，阶级矛盾已经显现，其有关社会主义和共产主义的文献就是在这种情况下产生的。而德国当时还没有进入资本主义社会，还是一个封建专制国家，资产阶级才刚刚开始反对封建专制的统治。

德国的哲学家、半哲学家和美文学家，贪婪地抓住了这种文献，不过他们忘记了：在这种著作从法国搬到德国的时候，法国的生活条件却没有同时搬过去。在

> 法国的文献基于法国的现实土壤，并用以指导法国的实践。文献传到德国，德国的哲学家们如获至宝，但他们忘记了，法国的土壤并没有同时搬过来，因此这一文献也就失去

德国的条件下,法国的文献完全失去了直接实践的意义,而只具有纯粹文献的形式。它必然表现为关于真正的社会、关于实现人的本质的无谓思辨。这样,第一次法国革命的要求,在18世纪的德国哲学家看来,不过是一般"实践理性"的要求,而革命的法国资产阶级的意志的表现,在他们心目中就是纯粹的意志、本来的意志、真正人的意志的规律。

德国著作家的唯一工作,就是把新的法国的思想同他们的旧的哲学信仰调和起来,或者毋宁说,就是从他们的哲学观点出发去

了在德国直接实践和应用的可能。最后的结果就是,法国的文献与德国的思想嫁接起来,脱离了现实,只具有纯粹文献的形式,变成了关于真正的社会、关于实现人的本质的无谓思辨。这样,德国就把法国大革命的要求,解读成了一般"实践理性"的要求,忽视了具体的历史背景和阶级立场,将独属于资产阶级的特殊意志抽象化、普遍化,解读成是不受历史条件制约的抽象意志、人类固有的本质意志、适用于所有人类的普遍意志。

▶ 德国著作家所能做的,就是将法国的空想社会主义与旧的德国古典哲学结合在一起,或者还不如说,他们就是从自己的观点出发,去吸收解读法

掌握法国的思想。

这种掌握,就像掌握外国语一样,是通过翻译的。

大家知道,僧侣们曾经在古代异教经典的手抄本上面写上荒诞的天主教圣徒传。德国著作家对世俗的法国文献采取相反的做法。他们在法国的原著下面写上自己的哲学胡说。例如,他们在法国人对货币关系的批判下面写上"人的本质的外化",在法国人对资产阶级国家的批判下面写上所谓"抽象普遍物的统治的扬弃",等等。

这种在法国人的论述国空想社会主义的思想。

这样做的后果只有一种,就是法国的思想在进入德国之后被曲解。这种情况,就像学外语一样,是用自己的语言解读另一种语言。

▶ 大家知道,僧侣们曾经在古代异教经典的手抄本上写上天主教圣徒的传记,现在德国著作家则是在法国的文献下面写下自己的解读,脱离本国的社会现实和实践基础,曲解法国的哲学思想,宣扬抽象的和超阶级的人性和人的本质。

除了这种夹带"私货"的做法,他们还不忘自我标榜,美其名曰"行动的哲学""真正的社会主义""德国的社会主义科学""社会主义的哲学论证",等等。

下面塞进自己哲学词句的做法,他们称之为"行动的哲学""真正的社会主义""德国的社会主义科学""社会主义的哲学论证",等等。

法国的社会主义和共产主义的文献就这样被完全阉割了。既然这种文献在德国人手里已不再表现一个阶级反对另一个阶级的斗争,于是德国人就认为:他们克服了"法国人的片面性",他们不代表真实的要求,而代表真理的要求,不代表无产者的利益,而代表人的本质的利益,即一般人的利益,这种人不属于任何阶级,根本不存在于现实界,而只存在于云雾弥

> 在这种情况下,法国的社会主义本来有些精华的东西,现在也都被阉割和丢弃了。比如说,法国的社会主义和共产主义文献中有一个重要贡献就是提出了阶级斗争,也就是资产阶级和无产阶级的阶级对立,但德国人认为这是法国人思想中片面的部分,他们用"人的本质的利益"和"一般人的利益"来代替无产者的利益,自以为是地进行了所谓优化和升级。实际上,这种人根本就不存在,没有任何现实意义。

漫的哲学幻想的太空。

这种曾经郑重其事地看待自己那一套拙劣的小学生作业并且大言不惭地加以吹嘘的德国社会主义，现在渐渐失去了它的自炫博学的天真。

德国的特别是普鲁士的资产阶级反对封建主和专制王朝的斗争，一句话，自由主义运动，越来越严重了。

于是，"真正的"社会主义就得到了一个好机会，把社会主义的要求同政治运动对立起来，用诅咒异端邪说的传统办法诅咒自由主义，诅咒代议制国家，诅咒资产阶级的竞争、资产阶级的新闻出版自由、资产阶级

这种嫁接和阉割的做法所形成的理论就像小学生作业一样拙劣，他们却大言不惭地进行吹嘘宣扬，也就只能不断遭到现实的捶打。

▶ 德国，特别是在普鲁士，资产阶级反对封建主和专制王朝的斗争越来越激烈，资产阶级民主革命运动越来越激烈。

于是，那些所谓"真正的"社会主义者就逮着机会了。他们用自己那一套理论来忽悠麻痹人民群众，用诅咒异端邪说的传统办法来诅咒跟资产阶级革命有关的一切，说什么千万不要支持资产阶级运动，因为这样做人民群众非但一无所得，反而会失去一切。但是他

的法、资产阶级的自由和平等,并且向人民群众大肆宣扬,说什么在这个资产阶级运动中,人民群众非但一无所得,反而会失去一切。德国的社会主义恰好忘记了,法国的批判(德国的社会主义是这种批判的可怜的回声)是以现代的资产阶级社会以及相应的物质生活条件和相当的政治制度为前提的,而这一切前提当时在德国正是尚待争取的。

们恰恰忘记了,法国批判资产阶级社会,是因为社会的物质条件和政治制度都已经发展,资产阶级和无产阶级的阶级矛盾也已经暴露,而德国正需要通过这种运动来争取实现这些条件。

这种社会主义成了德意志各邦专制政府及其随从——僧侣、教员、容克和官僚求之不得的、吓唬来势汹汹的资产阶级的稻草人。

这种社会主义是这些政府用来镇压德国工人起

▶ 这种理论被专制政府及其随从所利用,比如僧侣、教员、容克和官僚等,成为他们求之不得的好帮手,用来反对来势汹汹的资产阶级。

专制政府镇压工人起义,就是利用这种社会主义作为麻义的毒辣的皮鞭和枪弹的甜蜜的补充。

既然"真正的"社会主义就这样成了这些政府对付德国资产阶级的武器，那么它也就直接代表了一种反动的利益，即德国小市民的利益。在德国，16世纪遗留下来的、从那时起经常以不同形式重新出现的小资产阶级，是现存制度的真实的社会基础。

保存这个小资产阶级，就是保存德国的现存制度。这个阶级胆战心惊地从资产阶级的工业统治和政治统治那里等候着无可幸免的灭亡，这一方面是由于资本的积聚，另一方面是由于

痹工人的思想武器。

> 既然"真正的"社会主义成了德意志各邦专制政府反对资产阶级的武器，那么，它代表的就是一种反动的利益，即小资产阶级的利益。从16世纪开始，在德国，小资产阶级在不同时期以不同的形式出现，在社会上占据着重要位置。

> 小资产阶级本来胆战心惊地等待着命运的裁决，等待无可避免的灭亡。一方面是因为资产阶级的崛起，另一方面是因为无产阶级的革命斗争。结果，在夹缝中苟延残喘的小资产阶级，遇见了"真正的"社会

革命无产阶级的兴起。在它看来,"真正的"社会主义能起一箭双雕的作用。"真正的"社会主义像瘟疫一样流行起来了。

德国的社会主义者给自己的那几条干瘪的"永恒真理"披上一件用思辨的蛛丝织成的、绣满华丽辞藻的花朵和浸透甜情蜜意的甘露的外衣,这件光彩夺目的外衣只是使他们的货物在这些顾客中间增加销路罢了。

同时,德国的社会主义也越来越认识到自己的使命就是充当这种小市民的夸夸其谈的代言人。

主义,这一理论既反对资产阶级的不断发展,又反对无产阶级的革命运动。因此,这一理论就像瘟疫一样在德国流行起来。

> 德国的社会主义者那几条干瘪的"永恒真理"看起来光鲜亮丽,说起来却让人迷惑,其实不过是超阶级的人的本质和抽象的人性论。他们用这些空洞的思辨哲学理论来掩盖自己的阶级立场,就是想让更多的人接受他们的理论。

> 同时,德国的社会主义也心甘情愿地沦为小资产阶级的吉祥物,一个只会夸夸其谈的代言人。

它宣布德意志民族是模范的民族,德国小市民是模范的人。它给这些小市民的每一种丑行都加上奥秘的、高尚的、社会主义的意义,使之变成完全相反的东西。它发展到最后,就直接反对共产主义的"野蛮破坏的"倾向,并且宣布自己是不偏不倚地超乎任何阶级斗争之上的。现今在德国流行的一切所谓社会主义和共产主义的著作,除了极少数的例外,都属于这一类卑鄙龌龊的、令人委靡的文献。

▶ 所以,德国的社会主义为现有的社会形态发声、代言和辩护,他们宣布目前的德意志民族是模范民族,因此不应当被推翻,目前的德国小市民(也就是小资产阶级)是模范,因此应当被拥护。德国小资产阶级每一种恶劣行为都被德国社会主义进行了粉饰。到最后,德国的社会主义干脆直接反对任何阶级斗争,反对科学的共产主义,认为这具有"野蛮破坏的"倾向,只有自己才是公正、客观、超脱的。现今德国流行的思潮大部分都是这样的内容,具有很强的伪装性,卑鄙龌龊、令人消沉。

2. 保守的或资产阶级的社会主义

▶ 保守的或资产阶级的社会主义指的是资本主义的社会改良主义,他们看到了社会存在

第三章 一起来读《共产党宣言》

的一些问题,试图通过改良来消除资本主义的社会弊端,维护资产阶级的社会统治,维护资本主义制度。

资产阶级中的一部分人想要消除社会的弊病,以便保障资产阶级社会的生存。

这一部分人包括:经济学家、博爱主义者、人道主义者、劳动阶级状况改善派、慈善事业组织者、动物保护协会会员、戒酒协会发起人以及形形色色的小改良家。这种资产阶级的社会主义甚至被制成一些完整的体系。

我们可以举蒲鲁东的《贫困的哲学》作为例子。

▶ 资产阶级中的一部分人是改良主义者,他们试图通过改良社会制度来消除资本主义社会的弊端,来维护资本主义制度。

在社会很多行业中都出现了这种人,经济学家、博爱主义者、人道主义者、劳动阶级状况改善派、慈善事业组织者、动物保护协会会员、戒酒协会发起人以及形形色色的小改良家。这种社会主义甚至形成了完整的思想体系。

▶ 下面就以蒲鲁东的《贫困的哲学》作为例子。

- 159 -

社会主义的资产者愿意要现代社会的生存条件，但是不要由这些条件必然产生的斗争和危险。他们愿意要现存的社会，但是不要那些使这个社会革命化和瓦解的因素。他们愿意要资产阶级，但是不要无产阶级。在资产阶级看来，它所统治的世界自然是最美好的世界。资产阶级的社会主义把这种安慰人心的观念制成半套或整套的体系。它要求无产阶级实现它的体系，走进新的耶路撒冷，其实它不过是要求无产阶级停留在现今的社会里，但是要抛弃他们关于这个社会的可恶的观念。

> 保守的或资产阶级的社会主义是完全站在资产阶级立场上的，他们只想要资本主义社会带来的物质条件，但不想要这些物质条件产生的社会矛盾。他们只想要现有的资本主义社会，不想要无产阶级对现存的稳定和秩序进行破坏。在他们看来，资本主义社会是最美好的社会。所以，他们弄出一套改良的社会体系，并想让无产阶级接受并实现它的体系，实际上是让无产阶级接受当下的社会，安于现状，摒弃对这个社会的批评和否定。

这种社会主义的另一种不够系统、但是比较实际的形式,力图使工人阶级厌弃一切革命运动,硬说能给工人阶级带来好处的并不是这样或那样的政治改革,而仅仅是物质生活条件即经济关系的改变。但是,这种社会主义所理解的物质生活条件的改变,绝对不是只有通过革命的途径才能实现的资产阶级生产关系的废除,而是一些在这种生产关系的基础上实行的行政上的改良,因而丝毫不会改变资本和雇佣劳动的关系,至多只能减少资产阶级的统治费用和简化它的财政管理。

> 资产阶级社会主义还劝说工人阶级放弃或厌恶革命运动。他们游说工人阶级,说政治革命并不能给工人阶级带来好处,能够带来好处的是经济关系的改变、是物质生活条件的改善,也就是通过改良一些经济关系来解决问题。这种所谓改良经济关系,其实是在不改变资本主义社会制度的前提下进行的小修小补,实际上没有改变资本和雇佣劳动的关系,并不能从根本上解决矛盾,只是让资产阶级受益,帮助资产阶级减少统治费用,便于资产阶级管理国家。

资产阶级的社会主义只有在它变成纯粹的演说辞令的时候,才获得自己的适当的表现。

> 资产阶级的社会主义纯粹是理论上的社会主义,只能是纸上谈兵,在实践中只会遭遇失败。

自由贸易!为了工人阶级的利益;保护关税!为了工人阶级的利益;单人牢房!为了工人阶级的利益。这才是资产阶级的社会主义唯一真实的结论。

资产阶级的社会主义就是这样一个论断:资产者之为资产者,是为了工人阶级的利益。

> 自由贸易!是为了工人阶级;保护关税!是为了工人阶级;单人牢房!是为了工人阶级。一切都是为了工人阶级,都是为了工人阶级的利益,这就是资产阶级的社会主义想方设法想说出的话。

他们的结论就是:资产阶级是为了工人阶级的利益而存在。

3. 批判的空想的社会主义和共产主义

> 批判的空想的社会主义和共产主义指的是19世纪初出现的三大空想社会主义。空想社会主义看到了资本主义社会中存在的社会矛盾,并且进行了

深刻的抨击,但这种主义对未来社会的设想是空想的,无法找到从现实走向未来的路径。

> 在资本主义上升时期反封建的大革命中,出现了一些反映无产阶级要求的文献,比如巴贝夫等人的著作。

在资本主义社会早期,无产阶级就尝试过直接实现自己的阶级利益,当然都遭遇了失败,这是因为无产阶级本身还不够成熟,无产阶级解放的物质条件也还不具备。伴随着这些早期的无产阶级运动而出现的革命文献和指导思想当然也不成熟,其内容也必然是反动的。在社会还没有足够的物质基础的时候,这种文献倡导的只能是普遍的禁欲主义和粗陋的平均分配。但这些文献并不是谈论的重点。

在这里,我们不谈在现代一切大革命中表达过无产阶级要求的文献(巴贝夫等人的著作)。

无产阶级在普遍激动的时代、在推翻封建社会的时期直接实现自己阶级利益的最初尝试,都不可避免地遭到了失败,这是由于当时无产阶级本身还不够发展,由于无产阶级解放的物质条件还没有具备,这些条件只是资产阶级时代的产物。随着这些早期的无产阶级运动而出现的革命文献,就其内容来说必然是反动的。这种文献倡导普遍的禁欲主义和粗陋的平均主义。

本来意义的社会主义和共产主义的体系，圣西门、傅立叶、欧文等人的体系，是在无产阶级和资产阶级之间的斗争还不发展的最初时期出现的。关于这个时期，我们在前面已经叙述过了（见《资产阶级和无产阶级》）。

▶ 这里主要谈论19世纪的空想社会主义，以圣西门、傅立叶、欧文为代表。空想社会主义者提出了空想社会主义理论，这是在资本主义社会早期形成的理论形态，当时无产阶级和资产阶级之间的矛盾还没有那么激烈。这个问题在前面"资产者和无产者"中已经讲过了。

诚然，这些体系的发明家看到了阶级的对立，以及占统治地位的社会本身中的瓦解因素的作用。但是，他们看不到无产阶级方面的任何历史主动性，看不到它所特有的任何政治运动。

▶ 空想社会主义者有历史进步性，比如，看到了资产阶级社会中资产阶级和工人的阶级对立，也看到了资本主义社会自身会走向瓦解。但是，他们没有找到能够完成革命任务的历史主体，看不到无产阶级这一重要的革命主体力量。

由于阶级对立的发展是同工业的发展步调一致

▶ 阶级对立的发展同工业的发展是同步的，资本主义工的,所以这些发明家也不可能看到无产阶级解放的物质条件,于是他们就去探求某种社会科学、社会规律,以便创造这些条件。

社会的活动要由他们个人的发明活动来代替,解放的历史条件要由幻想的条件来代替,无产阶级的逐步组织成为阶级要由一种特意设计出来的社会组织来代替。在他们看来,今后的世界历史不过是宣传和实施他们的社会计划。

诚然,他们也意识到,他们的计划主要是代表工

业越发展,资产阶级和无产阶级的矛盾暴露也就越充分。当然,资本主义越发展,就越能够提供无产阶级解放所需要的条件。而这些发明家无法超越时代的局限,看不到这些,只能把精力用在探求社会规律上,以创造一个未来的美好社会。

▶ 局限的条件限制了空想社会主义者的想象力。由于社会阶级矛盾还没有充分展开,社会发展的物质基础也还不够充裕,因此,空想社会主义者只能自行设计社会组织,设计出想象中的美好图景。在他们看来,今后的社会运动就是在不断实现他们的计划和蓝图。

▶ 他们也知道,自己要为工人阶级这一受苦最深的群体代

人阶级这一受苦最深的阶级的利益。在他们的心目中，无产阶级只是一个受苦最深的阶级。

但是，由于阶级斗争不发展，由于他们本身的生活状况，他们就以为自己是高高超乎这种阶级对立之上的。他们要改善社会一切成员的生活状况，甚至生活最优裕的成员也包括在内。因此，他们总是不加区别地向整个社会呼吁，而且主要是向统治阶级呼吁。他们以为，人们只要理解他们的体系，就会承认这种体系是最美好的社会的最美好的计划。

言，但是他们没有看到无产阶级的力量和潜能，而只把无产阶级当作一个受苦受难最深的群体。

> 由于在目前的社会中，阶级斗争还没有充分展开，也由于这些空想社会主义者本身都是生活条件比较优渥的阶级，于是他们认为自己超越了阶级，自己的理论当然也就超越了阶级对立。他们企图通过理论的力量改变社会上的所有人，包括资产阶级和无产阶级。空想社会主义者想当然地认为改变现存社会的方法就是游说统治阶级，让统治阶级能够理解他们的理论，从而实施他们的美好计划，实施他们所设计好的美好的社会体系。

第三章 一起来读《共产党宣言》

因此,他们拒绝一切政治行动,特别是一切革命行动;他们想通过和平的途径达到自己的目的,并且企图通过一些小型的、当然不会成功的试验,通过示范的力量来为新的社会福音开辟道路。

这种对未来社会的幻想的描绘,在无产阶级还很不发展,因而对本身的地位的认识还基于幻想的时候,是同无产阶级对社会普遍改造的最初的本能的渴望相适应的。

但是,这些社会主义和共产主义的著作也含有批判的成分。这些著作抨击现存社会的全部基础。因

▶ 因此,他们拒绝革命运动,也不支持社会革命。他们试图通过和平的方式来达到自己的目的,也就是先进行小范围的、小型的地区试验,然后再进行大规模的推广,当然这些方法都失败了。

▶ 应该说,这种尝试和幻想在资本主义社会早期,在阶级矛盾还没有充分展开时是可以理解的,无产阶级由于自身的贫穷,对自己、对未来社会有着美好的憧憬,本能地渴望能拥有一个好的生活。

▶ 不过,空想社会主义学说也包含了批判的内容,看到了社会中的阶级矛盾,并抨击了资本主义社会,这些内容在未

此，它们提供了启发工人觉悟的极为宝贵的材料。它们关于未来社会的积极的主张，例如消灭城乡对立、消灭家庭、消灭私人营利、消灭雇佣劳动、提倡社会和谐、把国家变成纯粹的生产管理机构——所有这些主张都只是表明要消灭阶级对立，而这种阶级对立在当时刚刚开始发展，它们所知道的只是这种对立的早期的、不明显的、不确定的形式。因此，这些主张本身还带有纯粹空想的性质。

批判的空想的社会主义和共产主义的意义，是同历史的发展成反比的。阶级斗争越发展和越具有确定的形式，这种超乎阶级斗来会启发无产阶级。空想社会主义者对未来的社会图景提出了积极的主张，包括消灭城乡对立、消灭家庭等，提倡社会和谐，这些内容都表明要消灭阶级对立。只不过这些阶级对立在当时社会中还处于发展早期，矛盾还没有充分展开，因此，解决矛盾的方式也就具有纯粹空想的性质。

▶ 空想社会主义理论在早期还具有积极意义，但是历史越向前发展，它们的局限性和空想性就越是明显，在革命斗争中就越来越成为阻碍的力量。

争的幻想,这种反对阶级斗争的幻想,就越失去任何实践意义和任何理论根据。所以,虽然这些体系的创始人在许多方面是革命的,但是他们的信徒总是组成一些反动的宗派。这些信徒无视无产阶级的历史进展,还是死守着老师们的旧观点。因此,他们一贯企图削弱阶级斗争,调和对立。他们还总是梦想用试验的办法来实现自己的社会空想,创办单个的法伦斯泰尔,建立国内移民区,创立小伊加利亚,即袖珍版的新耶路撒冷。而为了建造这一切空中楼阁,他们就不得不呼吁资产阶级发善心和慷慨解囊。他们逐渐地堕落到上述反动的或保守的社会主

所以,虽然空想社会主义的创始人在许多方面是革命的,但是他们的信徒看不到历史的进展,只知道抱残守缺、死守理论,幻想用和平的方法调解阶级矛盾,梦想用试验的办法来实现自己的社会空想,诸如创办单个的法伦斯泰尔,建立国内移民区,创立小伊加利亚,即袖珍版的新耶路撒冷,等等。问题是,这些想法没有实现的现实基础和条件,甚至还需要资产阶级发善心和慷慨解囊,最终必然会走向反动,与资产阶级走到一起,所不同的只是他们更加系统地卖弄学问,狂热地迷信自己那一套理论和体系,反而成为无产阶级革命运动的绊脚石。

义者的一伙中去了，所不同的只是他们更加系统地卖弄学问，狂热地迷信自己那一套社会科学的奇功异效。

因此，他们激烈地反对工人的一切政治运动，认为这种运动只是由于盲目地不相信新福音才发生的。

> 所以，他们非常激烈地反对一切无产阶级的革命运动，认为无产阶级之所以进行革命运动，就是因为不相信他们所描绘的美好的社会图景。

在英国，有欧文派反对宪章派，在法国，有傅立叶派反对改革派。

> 在英国，欧文主义者反对宪章派；在法国，傅立叶主义者反对改革派。其本质上都是空想社会主义的信徒们反对工人阶级的革命运动。

四、共读"共产党人对各种反对党派的态度"

原　文

看过第二章之后,就可以了解共产党人同已经形成的工人政党的关系,因而也就可以了解他们同英国宪章派和北美土地改革派的关系。

共产党人为工人阶级的最近的目的和利益而斗争,但是他们在当前的运动中同时代表运动的未来。在法国,共产党人同社会主义民主党联合起来反对保守的和激进的资产阶级,但是并不因此放弃对那些从革命的传统中承袭下来的

解　读

▷ 在第二章,聊过共产党人和其他工人政党的关系,比如说英国宪章派和北美土地改革派,这都是极有影响力的工人政党。

▷ 共产党人所领导的工人阶级的革命运动满足了工人阶级的当前要求,同时也代表着革命运动的未来。也就是说,共产党人领导的革命运动是将当前的斗争目标和最终的斗争目标相结合。在不同的国家,要根据不同国家的国情采取不同的斗争策略。比如,在法国,

空谈和幻想采取批判态度的权利。

共产党人同社会民主党就是既联合又斗争：既要联合进行革命运动，反对保守的和激进的资产阶级，又要批判那些从革命的传统中承袭下来的空谈和幻想。

在瑞士，共产党人支持激进派，但是并不忽略这个政党是由互相矛盾的分子组成的，其中一部分是法国式的民主社会主义者，一部分是激进的资产者。

> 在瑞士，共产党人联合激进派。但是也有所区分，因为激进派的内部成分也比较复杂，有进步人士，也有保守分子。

在波兰人中间，共产党人支持那个把土地革命当做民族解放的条件的政党，即发动过1846年克拉科夫起义的政党。

> 在波兰，共产党人联合发动过1846年克拉科夫起义的政党。18世纪下半叶，波兰沦为了俄国、普鲁士和奥地利的殖民地，为争取民族独立，1846年，克拉科夫市民发动起义。

第三章 一起来读《共产党宣言》

在德国,只要资产阶级采取革命的行动,共产党就同它一起去反对专制君主制、封建土地所有制和小资产阶级。

> 在德国,共产党人还联合革命的资产阶级。因为德国还有封建专制统治的存在,所以无产阶级要联合资产阶级反对封建专制,反对维护封建专制的小资产阶级。

但是,共产党一分钟也不忽略教育工人尽可能明确地意识到资产阶级和无产阶级的敌对的对立,以便德国工人能够立刻利用资产阶级统治所必然带来的社会的和政治的条件作为反对资产阶级的武器,以便在推翻德国的反动阶级之后立即开始反对资产阶级本身的斗争。

> 共产党人一定要随时教育工人阶级,让工人阶级明确资产阶级和无产阶级是对立的。当前在资产阶级民主革命阶段,共产党人联合资产阶级是为了反对封建专制,但当资产阶级民主革命取得胜利后,方向就要发生调整,无产阶级要能够在现有的社会条件的基础上立即展开反对资产阶级的革命斗争。

共产党人把自己的主要注意力集中在德国,因为德国正处在资产阶级革命的前夜,因为同17世纪的英国和18世纪的法国相比,德国将在整个欧洲文明更进步的条件下,拥有发展得多的无产阶级去实现这个变革,因而德国的资产阶级革命只能是无产阶级革命的直接序幕。

> 共产党人特别关注德国的革命运动。在当时社会中,英国和法国比德国更早进入资本主义社会,因此,德国可以充分利用英、法的社会革命的成果,发展出更多更成熟的无产阶级,从而在革命斗争中从资产阶级革命直接发展为无产阶级革命。

总之,共产党人到处都支持一切反对现存的社会制度和政治制度的革命运动。

> 总之,无产阶级的斗争策略就是团结一切可以团结的力量,支持一切反对现存社会和政治制度的革命斗争,包括反对资本主义的社会革命、反对封建主义的社会革命。

在所有这些运动中,他们都强调所有制问题是运

> 共产党人所有的革命运动都有一个基本问题,那就是废

第三章 一起来读《共产党宣言》

动的基本问题,不管这个问题的发展程度怎样。

最后,共产党人到处都努力争取全世界民主政党之间的团结和协调。

共产党人不屑于隐瞒自己的观点和意图。他们公开宣布:他们的目的只有用暴力推翻全部现存的社会制度才能达到。让统治阶级在共产主义革命面前发抖吧。无产者在这个革命中失去的只是锁链。他们获得的将是整个世界。

全世界无产者,联合起来!

除私有制,不管这个问题发展到哪一个阶段。

▶ 最后,共产党人要在全世界内争取革命的力量,建立广泛的统一战线。

▶ 共产党人从来都是光明正大地宣扬自己的斗争目标。共产党人的目的就是用暴力推翻现存的人剥削人、人压迫人的社会制度,实现共产主义。让统治阶级在革命中发抖吧!无产阶级在这个革命中将彻底摆脱被压迫的命运,登上历史的舞台,成为世界的主人。

▶ 全世界的无产者,联合起来吧!

第四章

关于《共产党宣言》的问答

1. 为什么马克思和恩格斯这两个青年能写出《共产党宣言》这样一部经典的文献？

《共产党宣言》问世的时候，马克思和恩格斯分别是30岁和28岁，之所以是他们两个人写出这样一部经典的文献，可以简单从两个角度来讨论。

先说时代，所谓"时势确实造英雄"。当时，欧洲正处于工业革命的高潮，资本家财富迅速积累，而工人却在血汗工厂中挣扎。当时的欧洲就像一个"火药桶"，工人运动此起彼伏，但屡遭波折，大多以失败告终，缺乏理论指导。于是，时代就提供了非常丰富和鲜活的现实问题和素材样本，让马克思和恩格斯能够深入思考。他们像"社会侦探"一样，拿起理论的武器，解剖这个矛盾丛生的世界，并试图找寻问题的根源。

再说个人，所谓"打铁还得自身硬"。这两个人跟普通人不一样，也很不一般。马克思从小接受良好的教育，尤其精通哲学和历史，密切关注现实，擅长用逻辑剖析社会；恩格斯出身于富裕家庭，却有悲天悯人的情怀，从小就在工厂目睹工人的悲惨生活，深刻认识到资本主义的弊端，为马克思提供了大量的第一手素材。两个人的相遇相知，组成了"理论+实践"的黄金搭档，基于对现实的观察和思考，通过长期的紧密合作，相互支持、相互信任，联手写出这样一部巨著，创造出改变世界的思想体系。

所以，与马克思、恩格斯同时代的人千千万，为什么唯独是马克思和恩格斯这两个青年承担起了历史的重任？简言之，时代赋予了历史使命，个人特质亦是关键变量。当其他人追求个人利益时，马克思、恩格斯选择了为工人发声；不是工人阶级出身，却能够为普通劳动者的权益和解放奔走呼号，无论是对劳动人民的同情、对社会平等的信念，还是对全人类解放的追求、对人类未来的美好憧憬，都源于人道主义的博大情怀，也是他们坚定革命信念和勇气的力量源泉。《宣言》的诞生也证明了，在特定的历史条件下，青年能凭借扎实的理论素养、丰富的社会实践、敏锐的智识洞察和坚定的理想信念，勇立时代潮头，发出时代先声，对时代问题作出创造性的回答。

2. 为什么《共产党宣言》有穿越时空的强大生命力？今天还有什么用？

《共产党宣言》历经170多年仍然"能打"，因为它早早"看透"了社会发展的"剧本"，而这个剧本至今仍在重复使用。《宣言》堪称一部"社会诊断书",精准戳中资本主义的"命门"。

比如,马克思和恩格斯曾预言,资本家为逐利会不断压榨工人,导致贫富差距扩大,引发社会动荡。如今,全球富豪财富指数级增长,美国最富有的1%的人口拥有超过30%的财富,而底层50%的人口仅拥有约2%的财富,这正是《宣言》中所说的"阶级矛盾"在现代社会的呈现。同样,资本主义虽有"打补丁"的举措,如提高福利、搞慈善,但其逐利本性未变,就像游戏中换皮肤的Boss,技能依旧。这就是《宣言》的神奇之处,它具有"预言家"的气质。

比如,《宣言》中提出了世界市场的建立,马克思进一步指出这将会推动人类历史走向世界历史,当前世界经济全球化的发展正是这一理论的实践证明。所以,《宣言》中阐述的一般原理至今仍然完全正确,但其实际应用需要根据具体的历史条件进行调整。《宣言》深入剖析资本主义内在矛盾的根源。这种清醒而又犀利的批判教会我们用"显微镜"观察社会,不被表面繁华迷惑、抵御消费主义洗脑,看清问题本质。

有人质疑,2025年了,170多年前的理论还有用吗?其实,只要病根还在,药方就不过期。只要资本主义内在矛盾依然存在,马克思的剩余价值理论和唯物史观就不会过时。《宣言》的生命力恰恰就在于揭示了人类社会最根本的运行逻辑——公平与剥削的对抗、理想与现实的博弈。它不是过时的理论,而是帮助我们理解当下困境的"说明书",其核心在于提供底层逻辑,提供一种思考问题的方式、看问题的角度和解决问题的方法,然后根据具体的历史条件加以调整和实践。

《宣言》最具诱惑力的地方还是在于它所提出的理想。试问谁不向往一个没有剥削、没有压迫,人人平等的社会?这一目标始终如夜空中最闪亮的星,指引人们前行。如今热议的"共同富裕""社会公平",背后都有《宣言》中所倡导的追求平等正义精神的有力支撑。它让人们明白,现实不应是"赢家通吃",而应有更温暖的活法。面对"卷又卷不动,躺又躺不平,摆又摆不烂"的"45°人生",《宣言》依然能启发我们:不要安于现状,要敢于想象并努力创造更美好的世界。毕竟,这个世界不是用来解释的,是用来改变的,而改变的第一步,就是敢想敢为,《宣言》就是那把熊熊燃烧的希望之火。

3. 为什么要将共产主义比作"幽灵",并且放在文章开篇?

把共产主义比作"幽灵",还放在《共产党宣言》的开篇。这可不是随意为之,里面大有深意。想象一下,在当时的欧洲,封建贵族和资产阶级正舒舒服服地享受着特权,日子过得美滋滋。突然，共产主义思想冒出来了，主张人人平等、消灭剥削。这对他们来说，就像一个看不见、摸不着，却又让人心里直发毛的"幽灵"，搅得他们不得安宁。

把共产主义比作"幽灵"，是因为它们都挺神秘，挺危险，挺难缠。

首先，挺神秘。那时候，共产主义还没有变成一个实实在在的国家或政府，只是作为一种思想在悄悄传播。大家都知道有这么个东西，但又很难说清楚它到底是什么。就好比晚上你听到奇怪的声响，知道有东西存在，但又看不清，心里难免好奇和不安。共产主义思想在工人、学者之间口口相传，旧势力想弄清楚它，却无从下手。这种神秘感让它更有吸引力，也更让旧势力害怕。

其次，挺危险。在传统社会里，等级分明，贵族和资本家高高在上。共产主义却主张打破这种不平等，把权力和财富重新分配，让普通人也能过上好日子。这对旧制度来说，简直就是一场噩梦，就像幽灵来破坏他们的"美好"生活。旧势力为了保住自己的地位，到处宣扬共产主义的危险与可怕，说它是"幽灵"，想吓住那些被吸引的人。但马克思和恩格斯反其道而行之，要把危险进行到底！

最后，挺难缠。统治者们想尽办法打压共产主义思想，逮捕传播者、禁止相关讨论。可就像幽灵不会被轻易赶走一样，共产主义思想越打压越顽强。工人们在黑暗中看到了希望的曙光，哪怕冒着风险，也要把这思想传递下去，通过秘密集会、私下交流，共产主义理念不断生根发芽。

当然，把"共产主义"比作"幽灵"，还有个文化的观察角度。马克思、恩格斯非常喜欢莎士比亚，莎士比亚的戏剧《哈姆雷特》就以"幽灵"来代指老国王哈姆雷特的鬼魂，它向王子哈姆雷特传达的复仇使命推动了整个戏剧的发展。所以也有观点认为，马克思、恩格斯对"幽灵"一词的使用构成了对莎士比亚"幽灵"意象的"互文式"引用，将"幽灵"这一意向从文学领域引入政治领域。共产主义的"幽灵"盘旋在欧洲的上空，就像老哈姆雷特的鬼魂盘踞于城堡的露台之上，共产主义的"幽灵"肩负着推翻资产阶级的使命，正如王子哈姆雷特被"父亲的鬼魂"召唤去完成复仇的使命。[①]

总之，把共产主义比作"幽灵"开篇，就是借用这个标签来宣告：共产主义已经来了，你挡与不挡，它都势不可挡，都会茁壮成长，以不可遏止的力量改变世界。

[①] 参见张薇：《莎士比亚"幽灵"的变迁》，载《上海师范大学学报》（哲学社会科学版）2015年第1期；郝戈、赵瑞泽：《现代文明的悖论与出路——马克思与莎士比亚的思想对话》，载《东北师大学报》（哲学社会科学版）2024年第6期。

4. 什么是阶级？阶级和等级有什么区别？

先来说阶级。阶级既是一个历史范畴，也是一个经济范畴。所谓历史范畴，就是说阶级并不是生来就有的，而是社会生产发展到一定阶段的产物，所以阶级不会一直存在，而是会在社会继续发展进程中灭亡，会伴随着生产力的高度发展和共产主义社会的实现走向终结。所谓经济范畴，是指阶级跟私有制相伴而生。如何界定和区分阶级？列宁给过标准："所谓阶级，就是这样一些集团，由于它们在一定社会经济结构中所处的地位不同，其中一个集团能够占有另一个集团的劳动。"[1] 从这段话里，可以比较明确地判定，区分阶级的标志主要看是否占有生产资料、是否能够占有其他集团的劳动，不同阶级赚钱的方式不一样，在经济体系里的位置也不一样。就好比玩大富翁游戏，有人靠收租金赚得盆满钵满，有人却只能路过别人的地盘交过路费。

再说说等级。等级更像是身份的划分，而且这种划分往往是固定的，还能世袭。就像老话说的，"龙生龙，凤生凤，老鼠的儿子会打洞"，生下来就确定了。比如古代社会，贵族就

---

[1] 《列宁选集》（第四卷），人民出版社2012年版，第11页。

是贵族，平民就是平民。贵族天生就有各种特权，而平民就算再努力，也很难成为贵族，这种差距是社会规则早就定好的，很难改变。所以我们常说一个词：等级森严。在等级社会里，平民和贵族之间有天壤之别，不管是交流、交往，还是交友、通婚，都有严格的限制。在等级制度下，人们的社会地位、生活方式，甚至穿什么衣服、用什么东西都有严格规定，等级高的人比等级低的人就是"高人一等"。

阶级和等级不一样。虽然出身也会影响阶级，但它不是完全固定的。比如一个普通家庭出身的年轻人，通过努力学习、创业、积累，完全有可能实现阶级的跃迁，有可能从无产阶级变成资产阶级。当然资产阶级经营不慎或者竞争失败，也完全可能沦为无产阶级。阶级之间的差别主要体现在经济关系上。不同阶级为了自己的利益，会产生矛盾和冲突，比如老板和员工在工资待遇、工作时长上的博弈。等级像是对游戏角色的设定，你的身份和权限是一出场就决定了的，很难更改；阶级更像是在经济这场游戏里，根据你的"玩法"和"成果"划分的阵营，有一定的流动性。从这个意义上，从等级到阶级，是社会发展进步的产物和体现。

5."机器的日益迅速的和继续不断的改良,使工人的整个生活地位越来越没有保障。"在技术革新层出不穷,新技术和智能化不断发展的今天,我们如何确保自己的不可替代性,普通工人如何获得生存保障?

确实,马克思和恩格斯的这个判断,放到今天人工智能飞速发展的时代,依然有现实意义,依然振聋发聩,让人感同身受。以前工厂流水线上拧螺丝的工人,因为自动化设备的出现丢了工作;现在,人工智能的应用又让很多岗位岌岌可危。怎么看?怎么办?

对于这个问题,我们应该看到,生产力的发展不以人的意志为转移,科技的浪潮也已经扑面而来;我们还应该看到,新技术和智能化消灭的只是工作岗位,不是人本身,所以新的变化只是不需要一些岗位,而不是不需要人。从历史上来看,技术进步确实会导致某些产品、行业和岗位的消失,正如我们回望历史所看到的,技术进步同时也会创造出更多新的就业机会。也就是说,在这些变化和跃迁的过程中,人也一步步得到解放,释放更多活力,见证更多可能。

回到现实,技术始终是工具,学会使用工具、驾驭工具才是关键。如果能学会操作新设备、运用新技术,就能比只会干简单重复劳动的人更有竞争力。就像以前开车是个技能,现在自动驾驶开始普及，但是车还是要造，还是要修，还是要维护，还是要设计，还是需要人，只是需要人再进步一点，提升一点。另外，技术是冰冷的，至少从短期看，缺少情感是其最明显的弊端，所以生成式人工智能产出的文字也还缺乏"人味儿"，缺乏打动人的真情实感，真正有创意、能打动人心的文字还得靠人来书写。

还需要说明的是，普通工人的生存保障不只是个人的事情，国家和社会也必然会在其中发挥引导、指导、教导、培训、服务等各方面的作用。那些受技术革新冲击大的行业也会有相应的政策和扶持。当然，对个体来说，不管在哪个时代，保有向上的姿态和学习的能力，是我们应对任何时代变化的不变之策。

6.《共产党宣言》中讲到共产主义必然胜利，资本主义必然灭亡，为什么到今天都没有实现呢？

共产主义的胜利，资本主义的灭亡，这是结论，是方向，是终点。

但是，比赛还未结束，这是一场马拉松，终点虽已确定，但比赛还在进行。很多人都熟悉题目中的这句话，也就是我们说的"两个必然"。因为，在那个时代，工人阶级运动蓬勃发展，资产阶级对无产阶级的压榨已经到了极点，马克思认为，无产阶级一定会在即将到来的革命中夺取胜利,登上历史的舞台。

然而在随后的革命发展过程中,资产阶级并没有坐以待毙,工人阶级也没有像他所预想的那样能够夺取革命的胜利、登上历史的舞台,而是面对和接受了变化。比如说,资产阶级在工作时长上给予调整,在工资上给予变化,于是一些工人就妥协了,就继续"心甘情愿"地接受资产阶级的剥削,等等。

所以,马克思除了"两个必然",还有对应的"两个决不会"。

《〈政治经济学批判〉序言》中提出:"无论哪一个社会形态,在它所能容纳的全部生产力发挥出来以前,是决不会灭亡的;而新的更高的生产关系,在它的物质存在条件在旧社会的胎胞里成熟以前,是决不会出现的。"[1]如何理解这句话?简单说,我们得看到社会形态更替的长期性和复杂性。无论是共产主义的胜利,还是资本主义的灭亡,不会轻轻松松、敲锣打鼓就能实现,需要一定的条件和时机。

现在来说,条件和时机都还不成熟。一方面,资本主义已经发展几百年了,就像一个经验丰富的老牌选手,有自己的一

---

[1] 《马克思恩格斯文集》(第二卷),人民出版社2009年版,第592页。

套生存法则。虽然一直面临各种各样的问题，但是也在不断调整和变化，比如发生经济危机的时候就会加强政府对经济的调控、建立社会保障制度等。这些措施就像"能量补给"一样，让它能继续体现存在感，能保持一定的速度继续跑下去，也就暂时还没有倒下。另一方面，共产主义的实现需要生产力的持续发展，也要求全世界的人们共同努力。正如大家所看到的，目前世界上还有很多地方很多人没有解决基本的温饱问题，也只有一部分国家在朝着共产主义的方向努力，而且每个国家的情况也不一样，发展的速度也有快有慢，这就需要更多的时间去探索和实践。这就好比要让全世界的人都按照同一个节奏跳舞，除了内心的认同，行动上也需要大家长期的慢慢磨合、逐步适应。

再看看历史，结论会更清楚、更客观。纵观历史，社会制度的变革从来都不是一蹴而就的。从奴隶社会到封建社会，再到资本主义社会，每一次变革都经历了漫长的时间。共产主义只有在社会主义社会充分发展和高度发达的基础上才能实现，既然共产主义更美好，需要的条件也更多，共产主义社会的实现当然会更复杂、更耗时。理想因其远大而为理想，信念因其执着而为信念。我们不能因现实复杂而放弃梦想，也不能因理想遥远而放弃追求。虽然资本主义这个选手还在气喘吁吁地坚持奔跑，但共产主义是我们所有人终将抵达的星辰大海。

说到这里,我们不妨重温一下邓小平同志的精彩论述:"封建社会代替奴隶社会,资本主义代替封建主义,社会主义经历一个长过程发展后必然代替资本主义。这是社会历史发展不可逆转的总趋势,但道路是曲折的。资本主义代替封建主义的几百年间,发生过多少次王朝复辟?所以,从一定意义上说,某种暂时复辟也是难以完全避免的规律性现象。一些国家出现严重曲折,社会主义好像被削弱了,但人民经受锻炼,从中吸取教训,将促使社会主义向着更加健康的方向发展。因此,不要惊慌失措,不要认为马克思主义就消失了,没用了,失败了。哪有这回事!"[①]

7. 共产主义社会到底什么样?为什么值得期待?

对于这个问题,马克思、恩格斯给出了足够的想象空间。

马克思和恩格斯在展望未来理想社会时,并没有对各种细节进行具体描绘,这不是他们不能,而是他们不愿,他们是将具体情形留给后来的实践去回答。

道理很简单,我们常说一句话"贫穷限制了我们的想象力",其实也是在说我们都有无法避免的局限和束缚。未来很美好,好到现在无法想象,好到可以尽情想象,如果强行给出

---

① 《邓小平文选》(第三卷),人民出版社1993年版,第382—383页。

答案,反而会影响答案。

当然,想象也不是胡思乱想。我们每个人都可以依据共产主义社会的基本特征——物质财富极大丰富,消费资料按需分配;社会关系高度和谐,人们精神境界极大提高;每个人自由而全面地发展,人类从必然王国向自由王国飞跃——大胆设想出我们心目中的共产主义社会。

第一,物质财富极大丰富,消费资料按需分配。这是排在第一的特征,之所以排在第一,因为它是前提条件。共产主义社会与以往任何社会不一样的地方,首先它有坚实充裕的物质基础,这个物质基础不是一般的丰富,是极大的丰富,也就是我们可以想要多少就要多少。为什么能假设这个条件呢?因为马克思在他们的时代就看到了可能,资本主义社会创造了前所未有的巨大的生产力的发展,工业生产缔造了一个巨大的物质王国,这是在资本主义社会以前,也就是在农业社会中不可想象和无法看到的。另外,我们也要看到一个现实,人的需求其实也不是无度的,而是有合适和合理的区间,中国人讲"过犹不及",我们需要热量需要脂肪,但不需要过多的热量和脂肪,所以我们曾经就想吃肉,现在我们聊的则是健康。

第二,社会关系高度和谐,人们的精神境界极大提高。人们的精神境界到共产主义社会中就一定会极大提高吗?会!因为有充裕的物质基础保驾护航,人们的精神境界有了物质基础作为保障就不会是镜花水月,还会向着高处攀缘。试想一下,人们的不和谐主要来自哪里?来自竞争。人们之间的竞争又来自哪里?根本原因是资源的匮乏。当资源不再匮乏的时候,人们想开了,想通了,想大了,精神境界就不会一直在低层次上计较和折磨,就会想着"海阔天空",就会想"让他三尺又何妨?"

第三,每个人自由而全面地发展,人类从必然王国向自由王国飞跃。前面两点是从社会层面所看到的共产主义社会,那么作为社会的一个小细胞,社会中的个人是什么样的呢?那就是自由而全面地发展。想想看,我们现在社会中的人实现了自由而全面的发展吗?比如说,你现在想学唱歌,但是你会发现,你没有时间,你需要工作,你需要养家糊口,你忙于生计。但是未来的共产主义社会,在前面两点实现的基础上,你就可以充分释放自己生命的能量,去体验各种可能,去自由地做自己喜欢做的事情,可以"随自己的兴趣今天干这事,明天干那事,上午打猎,下午捕鱼,傍晚从事畜牧,晚饭后从事批判"[1]。

到那时,人们可以自由选择自己喜欢的工作,因为工作不再是为了生存,而是为了实现自我价值,大家都开开心心地做

---

[1] 《马克思恩格斯文集》(第一卷),人民出版社2009年版,第537页。

自己热爱的事。没有贫富差距，人人平等，真正实现社会公平正义。不会有人住大别墅，而有人却连小房子都租不起。不管从事什么职业，无论是科学家、医生，还是外卖员、清洁工，每位劳动者都是平等的，每个人的劳动都是被尊重的，不会因为职业不同就被区别对待。

那不是虚无缥缈的乌托邦，那是人类对美好生活的终极向往，那是对资本主义弊病的彻底扬弃。共产主义有盼头，因为它确实很美好！

8.《共产党宣言》中提出了共产主义社会，那么共产主义社会与空想社会主义，与中国古代提出的大同社会有什么区别？为什么共产主义可以实现，空想社会主义和大同社会不能实现？

三者有共同点。共产主义社会、空想社会主义和中国古代的大同思想都反映了人们对现实剥削制度的不满和批判，都是对未来自由、公平、和谐的美好社会的憧憬。

但是，理想很丰满，现实很骨感，最大的问题来了：如何实现？对这个问题的回答，就区分出理想和空想、幻想的差异。

空想社会主义者们尖锐地批判了资本主义社会的弊端，天才地描绘了未来理想社会，但是并未找到实现这些想法的现实道路。有些空想社会主义者甚至希望资产阶级统治者能良心发现，来帮助实现他们的理想社会，这无异于"与虎谋皮"，完全不靠谱。

中国古代的大同思想提到"天下为公"，大家互相关爱，建立一个没有战乱和纷争的社会，但也并未提及具体如何能实现，更像是描绘了一个美好的梦境，却没有也无法给出到达梦境的地图。

共产主义并不是马克思、恩格斯的道德理想或主观愿望，而是基于对资本主义发展规律和人类社会发展规律的深刻认识提出来的。它揭示了资本主义社会是由不同阶级组成的，阶级之间由于利益冲突而产生矛盾，这种内在矛盾又会导致贫富差距的扩大、周期性经济危机的爆发等问题，当问题越来越多，当矛盾越来越尖锐，以至于最终不可调和时，就会被无产阶级推翻。

除了揭示规律，看到方向，实现共产主义的具体路径也是明确的。一路走来，我们已经看得很清楚，共产主义社会的实现途径就是通过无产阶级革命的方式推翻资本主义制度，建立社会主义社会，社会主义社会再经过由低级到高级的发展阶段，在一切条件具备之后最终达到共产主义社会。

路虽远，行则将至；事虽难，做则必成。共产主义就像是一个有路线图、有行动指南的旅行，虽然路途遥远，但我们知道该怎么抵达，所以是我们可以通过努力而实现的理想。而空想社会主义和大同思想虽然美好，但缺乏理论的指导和明确的指引，只能沦为空想、幻想。

9. 今天，青年人如何以《共产党宣言》作为自己的精神武器？

知是行之始，要想将其精神内涵转化为精神武器，必须首先知道这本书厉害在哪里，到底有什么用，还需要认真研读，理解其核心思想，理解资本主义基本矛盾、无产阶级的历史使命、人类历史发展的一般规律、共产主义社会的历史必然性等等，然后才是运用强大的思想武器来认识世界和改造世界。

对青年人来说，该以什么样的眼光审视《共产党宣言》？

它是"看懂世界的说明书"。这个世界丰富多彩，沿着历史的轴线一路走来，给我们呈现了那么多需要解读的内容。目光投向现实，我们还有"十万个为什么"，为啥有贫富差距？为啥有人躺赢有人内卷？《共产党宣言》就像一本"社会解读说明书"，帮你看清背后的底层逻辑——阶级、剥削、资本……懂了这些，我们就会像庖丁解牛，目无全牛，心中有谱，就不会被表面的现象所迷惑，就不会被别人的观点所左右，不跟节奏，不被忽悠，用手术刀一样冷峻的眼光来审视众生相，做一个有独立思考能力的"硬核青年"，任凭八面来风，我自岿然不动。

它是"热血青年的清醒剂"。从这本书里走出来，它会明明白白告诉你，社会不是一成不变的，从来就没有什么救世主，也不靠神仙皇帝，要创造人类的幸福，全靠我们自己。普通人也能改变世界，我命由我不由天！当年，那些革命前辈就是靠着这份"觉醒"加持，明确了方向，凝聚了人心，推翻了旧社会。今天的你我，也可以从中找到属于自己的"奋斗方向"，在实现中华民族伟大复兴的新征程上吹响青春"集结号"。

它是"未来世界的路线图"。你以为《共产党宣言》只讲革命？只讲阶级？只讲斗争？当然不是，它丰富多彩，充满温情，看到的是诗和远方。它还教你如何看待社会公平、劳动价值，它还教你对未来充满希望，它给我们一份礼物，它描绘了值得追寻的理想社会，它还教你如何到达。

总之，在最后，我们还是来重温一下马克思的名言吧。"批判的武器当然不能代替武器的批判，物质力量只能用物质力量来摧毁；但是理论一经掌握群众，也会变成物质力量。"[①]

[①]《马克思恩格斯文集》（第一卷），人民出版社2009年版，第11页。

《共产党宣言》不是一本"过时的老书",而是一本"青春奋斗指南"。

从这里出发,让我们在前行的路上遇见更好的未来,遇见更好的自己。

参考书目

《共产党宣言》(马克思诞辰200周年纪念特辑),人民出版社2018年版。

陈先达:《马克思主义信仰十讲》,人民出版社2018年版。

高放:《〈共产党宣言〉探真:六十多年来持续探究文汇》,天津人民出版社2019年版。

艾四林、曲伟杰编著:《〈共产党宣言〉研读》,研究出版社2021年版。

刘建军主编:《〈共产党宣言〉与新时代》,河北人民出版社2018年版。

李海青:《〈共产党宣言〉导读》,中共中央党校出版社2023年版。

陈学明:《重读〈共产党宣言〉》,人民出版社2018年版。

李世忠:《〈共产党宣言〉经典文本解读》,国家行政管理出版社2021年版。

黄伟力：《〈共产党宣言〉细读》，中央编译出版社2023年版。

林全民：《〈共产党宣言〉句读》，广西师范大学出版社2020年版。

王公龙：《共产党人的必修课：〈共产党宣言〉十问》，上海人民出版社2018年版。

陈培永：《〈共产党宣言〉的新时代阐释：重解核心关键词》，中国社会科学出版社2018年版。

内蒙轩主编：《马克思靠谱》，东方出版社2016年版。

韩云川：《重温经典：〈共产党宣言〉解读》（彩图注释版），人民出版社2018年版。

李晓鹏著，上超绘：《共产党宣言》（少儿彩绘版），接力出版社2019年版。

［英］彼得·兰姆著，金建译：《〈共产党宣言〉导读》，中国方正出版社2019年版。

后　记

（一）

当这本小书静静地躺在案头，眼前是一路走来的十几年，画面呼啸而过，内心充满平静。

借这个机会跟大家说说心里话。

特别是和对理论有点兴趣的朋友，对青年朋友以及广大党员说说心里话。

说说学习的方法、学习的经历和学习的感悟。

（二）

写这样一本书是我多年的夙愿。

想写，有我自己的原因，也有别人带给我的启发，有现实的问题，也有未来的观照。

后 记

  从自己的角度说，我并非科班出身，既然选择了投身马克思主义事业，也就必须要充电、加油、补课，也就必须要有个起点。

  《共产党宣言》是我叩开马克思主义神圣殿堂的钥匙，也是我花费气力最多的一本书。毛泽东同志曾说，这本书他看了不下100遍，有的时候看几段，有的时候看几页。说这话的时候毛主席还年轻，所以他一生里阅读此书的次数还要更多，到了晚年他还通过《共产党宣言》来学英文。我们当然不能跟伟人相提并论，但这毕竟是努力的方向和参照的榜样。这些年，这本书我也看了很多遍，没有100遍也有50遍。而且不只是看，很长一段时间里，我每天中午都会听上一会儿《共产党宣言》的朗读版，有时候晚上翻来覆去睡不着，也会听一听来平复心情。最开始学习效果不太好，催眠效果倒是挺好，坚持不到十分钟，就启动休眠模式。不过，我一直相信坚持的力量。在十几遍过后，"序言"部分我就能脱口而出了。等到有了这份确信和底气，我能听进去的内容也逐渐丰富起来。后来，有不少段落我都能够背诵，其余的大部分章节看过去，也会像老朋友一样熟悉和亲切，听了上句基本能接下句。这时候我就建立了对理论的初步的温情，提到这本书会眼前一亮，而不是感觉枯燥乏味或者面目凶猛。

  就是那句老话：书读百遍，其义自见。古人本来也有

"通一经"的治学方法,于我而言也是成长的经验。我本科读的是英语专业,硕士转到了中国古代文学,也相当于换了新赛道,所以我有着丰富的"从零开始"和"从头再来"的经验。那时我有一个基本的认知就是,没有别的选择,必须得老老实实打基础,扎扎实实从头学,必须深入地、深刻地掌握一本传统文化经典来给自己打底,然后才能期望触类旁通。当年读中国古代文学,我选择细读的经典著作是《论语》。三年时间里,这本书的几个版本就在我的枕边案头,每天翻看,不时诵读,强行记忆。整个过程也并不感觉煎熬,因为我一直都相信时间的力量和积累的力量,确信一定会在某个节点看到付出的意义和价值。

事实上,直到现在,我仍然在不断地为当时的选择而庆幸,也不断地因为当初的付出而受益。受益的内容包括我对儒学和传统文化多了一些探索的兴趣和了解的基础,也包括工作以后为学生开设"中国传统文化概论"公选课时有了基础和底气。当然,更大的好处是传统文化作为一种文化的底色融进了我的生命。《论语》中的很多段落深深刻在我的心里,在每一个能够进行链接的时候自动闪现。直至我工作12年后,一本基于授课讲稿的传统文化通俗读物《道不远人——走近传统文化》在商务印书馆出版发行,也得到了不错的反响。

道理都是相通的，学习马克思主义同样要有对文本的熟悉，同样要有一些镌刻进生命的底色。那么，最好的选择和入门教材肯定就是《共产党宣言》。毕竟这是一本受众很明确的书，既有科学性，也有人民性，既有理论性，也有实践性。这是一本写了就是希望大家能听、能看、能懂、能用的书，是科学社会主义的纲领性文献，标志着马克思主义的正式诞生。由此，通过对文本的熟悉和后续的学习，容易积攒些底气和继续深入学习的勇气。

（三）

另外，从现实的角度看，我也从别人那里发现了一些问题。我们党是世界最大的马克思主义政党，对于这样一个成员基数庞大的政党来说，尤其需要向心力和凝聚力，用我们熟悉的话来说，就是要统一思想、统一意志、统一行动。100多年来，历经沧桑而风华正茂的中国共产党向世界证明，靠着马克思主义，靠着中国化时代化的马克思主义，我们改变了中国的命运，改变了中国人民的命运，改变了中华民族的命运，我们党正带领人民昂首阔步走向中华民族伟大复兴。用习近平总书记的话说，"中国共产党为什么能，中国特色社会主义为什么好，归根到底是马克思主义行，是中国化时代化的马克思主义行"①。

然而,宏大叙事的逻辑,不能遮蔽现实的空间和问题。这么多党员形成共识是不容易的,"两个确立"的决定性意义尤其需要深刻领悟,"两个维护"的自觉践行尤其需要思想认同、政治认同、理论认同和情感认同,我们需要从细节做起、从基础做起、从点滴做起。

然而,审视现实,毋庸讳言,并不乐观。我们依然有很多同志讲不出入党誓词,说不清楚什么是共产主义以及为什么要信仰共产主义,说不清楚"两个必然"和"两个绝不会"的关系,不能用马克思主义来联系生活、解释现实和展望未来。我们说,有了理论上的清醒,才有行动上的坚定。我们既然是共产党人,既然加入了中国共产党,既然选择了信仰马克思主义,那前述各种问题都是绕不过去的拷问和反思。而要解决这些问题,学好《共产党宣言》是至关重要的必修课,也是绕不过去的入门第一课。

我们正行进在中国特色社会主义新时代的康庄大道上,走好未来的路需要我们步调一致、心思如一、凝心聚力。然而,越是靠近中华民族伟大复兴,就像我们越靠近山峰的顶点,身

---

① 习近平:《高举中国特色社会主义伟大旗帜 为全面建设社会主义现代化国家而团结奋斗——在中国共产党第二十次全国代表大会上的报告》,人民出版社2022年版,第16页。

体和精神各方面的机能都会遭遇更大的考验，要面对可以预料和难以预料的各种风险，这就需要我们更加团结、更加清醒。既然马克思主义行，既然中国化时代化的马克思主义行，既然未来还需要马克思主义指导，那我们要想走好未来的路，就必须要掌握好这个强大的思想武器，武装自己。一个学习型社会、学习型政党和学习型组织的建立需要一块一块的基石，《共产党宣言》毫无疑问应该是第一块基石。

我一直相信，人的成长是内生动力和外部压力共同作用的结果，对于我这种生性懒散的人来说，即便多一些外部压力是自讨苦吃，也必须主动为之。在学习马克思主义经典上，我秉持同样的想法。

所以，我主动申请开设了《共产党宣言》导读课，每学期一次，每次限定选修人数，小班授课，一二十人。每个人我会送一本《共产党宣言》，每节课我们都把经典掰开了揉碎了细细品读，他们一段一段念，我就一段一段讲。

算算时间，从意识到问题的存在，到开始确定解决的方向，再到现在看着落成的文字，一晃就是十来年。

（四）

一个梦想的实现，背后是各种机缘的促成。

感谢的话很多，限于篇幅，一大一小说两个方面。

从宏大的方面说，要感谢这个伟大的时代。时代这个词听起来抽象，落下来又很具体。时代就是我们每时每刻呼吸的空气、生活的环境、现实的洪流、个人的奋斗、社会的合力，正是这样一个需要理论并且可以产生理论的时代，才让我们有了对理论前所未有的重视和学习的动力，才有了我动笔的起点。也正是这样一个让所有党员都开始重视自己的身份、重视自己的理论储备和理论武装的时代，才让我们有了审视的机会和共同面对的可能。

从具体的方面说，要感谢所有与我同行的人。这里同行的人包括教导我、指导我的前辈学者，包括在我前面做出过尝试和探索并给我启发和智慧的同行，包括陪我成长的团队，也包括每年选修《共产党宣言》导读课程的学生。如果要列一些名字的话，就这本书而言，给过我帮助和指导的师友有沈壮海教授、王易教授，有厚爱推荐的艾四林教授、刘建军教授、刘同舫教授、王公龙教授、陈培永教授，还有我校的王岩教授、赵玲教授、徐军教授、邓伯军教授等，以及在我生命中出现并陪我同行的一些青年师友，包括胡媛媛、徐丹、曹清华、杨波、刘伟等，校对过程中我的学生唐红霞、许睿杰、陈庆华、何玉婷、金璐涵、梁志菊等也充当了第一批学生读者。还要感谢为出版付出心血的浙江人民出版社，八年前叶国斌社长的谦和温暖让我们建立了联系，八年来潘玉凤副总编持续跟踪让合作成为可能，两位优秀青年编辑申屠老师和尚咪咪老师则让本书增色更多。

其实心情还是复杂，写下这一个个的名字是我底气的由来，却也是我的压力，唯恐书的各种不完美让我辜负这一番番的栽培和陪伴。

特别感谢所有曾经为这本书的解读做出过努力的同行。我看过的相关作品也都放在了参考书目中，也期待读到这本书的读者可以做些拓展延伸，如果能够通过这座桥梁帮助大家发现更好的选择，对我来说也是一种幸福和荣幸。这本小书虽然不太厚重，却完全是站在前人肩膀上的作品，在动笔之前大致集齐了几乎所有跟《共产党宣言》解读相关的书籍和资料，不管是今年刚出的，还是很多年前的作品，我都找来学习，也从旧书网淘了不少已经不再版的作品，不管是解读的、导读的还是句读的文本，我吸收着自己所认同和欣赏的长处，这些痕迹在参考书中有挂一漏万的申明，在字里行间更有抹不去的痕迹，在此也要表示深深的感激。所有前辈的作品，都是我前行的标杆和参照，也是我努力再往前一点点的底气和勇气。如果还有学习不到位、解读不恰当、表达不严谨的地方，也都是我今后继续努力的方向。

（五）

除了完成梦想的轻松和疲惫，更多还隐隐有些不安。不安来自底气不足、实力不够和阅历不深。

经典的魅力往往来自解读的多重视角和丰富底蕴，就像人类智慧的水井，取之不尽用之不竭，也才能历经岁月的淘洗而依然能满足不同时代不同人的不同需求。但是解读经典是困难的甚至是危险的，毕竟那么多精彩的版本已经珠玉在前，要提供什么样的作品才能够有些特色，而不是在已经汗牛充栋的选择里多一个可有可无的选项，这是需要深思和勇气的。

解读类似于翻译，一方面要有对文本的熟稔于心，不能跑偏；另一方面要有对解读的字斟句酌，尽量可读。就像茶壶里要先有饺子，然后还得能倒得出来，而且倒出来加点醋应该还比较好吃。

这活儿不好干，但是必须要干。如果说，还有那么多共产党员没看过《共产党宣言》，如果还有那么多人看不下去这本书，唯一的原因就是它还不够"好看"，也就是还不够通俗。

而我做的，也仅仅是晚辈后学的一点尝试，也许不自量力，也许还很粗糙，甚至有哗众取宠的嫌疑。这些我都愿意面对和接受，并愿意在大家的批评和建议中努力修正、修改、修订。

　　昨日草木，明日柏杨。年轻和肤浅是我还不能让人完全满意的原因，却也是我继续努力的起点和动力，所以我必须也乐意接受所有的建议和批评，不停步，不气馁，向着好一些、再好一些的方向继续攀援，以此来回报大家的关爱，也以此来回应这个伟大的时代。

徐川

2025 年 4 月于南京